Training TestDaF

Material zur Prüfungsvorbereitung

Trainingsbuch

Gabriele Kniffka • Bärbel Gutzat

Langenscheidt

Berlin · München · Wien · Zürich
London · Madrid · New York · Warschau

Training TestDaF
Material zur Prüfungsvorbereitung

von Gabriele Kniffka und Bärbel Gutzat

Redaktion: Mechthild Gerdes (Projektleitung)
Elisabeth Graf-Riemann

Layout: Karin Kopp, Augsburg
Umschlag: Karin Kopp, Augsburg
unter Verwendung eines Fotos
von Bildagentur Mauritius/Murray Lee

Autorinnen und Verlag danken dem TestDaF-Institut in Hagen für seine Beratung und Unterstützung bei der Entwicklung dieses Projekts.

Besuchen Sie auch unsere Homepage www.langenscheidt.de

Umwelthinweis: Gedruckt auf chlorfrei gebleichtem Papier.

© 2006 Langenscheidt KG, Berlin und München

Das Werk und seine Teile sind urheberrechtlich geschützt. Jede Verwendung in anderen als den gesetzlich zugelassenen Fällen bedarf der vorherigen schriftlichen Einwilligung des Verlags.

Druck: Stürtz GmbH, Würzburg
Printed in Germany

ISBN 978-3-468-**47636**-5

Inhaltsübersicht

Einleitung	4
für Prüfungskandidaten und -kandidatinnen	4
für Kursleiter und -leiterinnen	9
1. Training Leseverstehen	11
Einführung	11
Prüfungsteil Leseverstehen: Lesetext 1	14
Prüfungsteil Leseverstehen: Lesetext 2	18
Prüfungsteil Leseverstehen: Lesetext 3	22
Modelltest Leseverstehen	27
2. Training Hörverstehen	34
Einführung	34
Prüfungsteil Hörverstehen: Hörtext 1	38
Prüfungsteil Hörverstehen: Hörtext 2	40
Prüfungsteil Hörverstehen: Hörtext 3	44
Modelltest Hörverstehen	48
3. Training Schriftlicher Ausdruck	52
Einführung	52
Prüfungsteil Schriftlicher Ausdruck: Einleitung	55
Prüfungsteil Schriftlicher Ausdruck: Überleitung Einleitung –> Grafik	57
Prüfungsteil Schriftlicher Ausdruck: Beschreibung der Grafik	58
Prüfungsteil Schriftlicher Ausdruck: Überleitung Grafik –> Argumentation	61
Prüfungsteil Schriftlicher Ausdruck: Argumentation	61
Prüfungsteil Schriftlicher Ausdruck: Schluss	65
Modelltest Schriftlicher Ausdruck	66
4. Training Mündlicher Ausdruck	68
Einführung	68
Mündlicher Ausdruck Aufgabe 1	72
Mündlicher Ausdruck Aufgabe 2	74
Mündlicher Ausdruck Aufgabe 3	75
Mündlicher Ausdruck Aufgabe 4	78
Mündlicher Ausdruck Aufgabe 5	80
Mündlicher Ausdruck Aufgabe 6	82
Mündlicher Ausdruck Aufgabe 7	86
Modelltest Mündlicher Ausdruck	87
Lösungen	96
Transkript der Hörtexte in Kapitel 2, Training Hörverstehen	114
Antwortbogen	123
Indices zu den Hörmaterialien	126

Einleitung

Liebe Prüfungskandidatinnen, liebe Prüfungskandidaten,

Sie möchten demnächst in Deutschland studieren und wissen auch schon, dass Sie dafür ausreichende Kenntnisse in der deutschen Sprache nachweisen müssen. Eine Möglichkeit für diesen Nachweis ist die Prüfung „Test Deutsch als Fremdsprache (TestDaF)".

Wir möchten Sie im Folgenden zunächst über die Prüfung informieren und Ihnen dann zeigen, wie Sie sich mit diesem Trainingsprogramm darauf vorbereiten können.

1. Für wen lohnt es sich, den TestDaF abzulegen?

TestDaF wurde für ausländische Studienbewerber entwickelt, die an einer deutschen Hochschule studieren möchten. Das heißt, TestDaF ist eine Prüfung, die von den Zielen und Inhalten her auf den Bereich Hochschule zugeschnitten ist.

2. Informationen zur Prüfung TestDaF

2.1 Was wird in TestDaF geprüft?

TestDaF prüft sprachliche Kompetenzen, die für einen Studienaufenthalt in Deutschland erforderlich sind. Während dieses Aufenthaltes müssen Sie zum einen im deutschen Alltagsleben zurechtkommen. Dazu gehört zum Beispiel, dass Sie in der Lage sind, auf Deutsch Gespräche in der Cafeteria zu führen oder Auskünfte im Studentensekretariat einzuholen. Zum anderen brauchen Sie ausreichende Sprachkenntnisse, um Ihr Studium zu bewältigen, denn Sie müssen deutschsprachigen Vorlesungen folgen, Referate schreiben und an Diskussionen im Seminar teilnehmen können. TestDaF setzt allerdings noch keine spezifischen Fachkenntnisse und damit auch keinen Fachwortschatz voraus.

2.2 Prüfungsziele und Prüfungsteile

Ziel des TestDaF ist, Ihren sprachlichen Leistungsstand festzustellen. Um ein möglichst genaues Bild Ihrer sprachlichen Leistungen zu erhalten, wird Ihre Kompetenz in den vier Fertigkeitsbereichen Lesen, Hören, Schreiben und Sprechen getrennt überprüft. Die Prüfung umfasst demnach vier Teile:

- Leseverstehen
- Hörverstehen
- Schriftlicher Ausdruck
- Mündlicher Ausdruck.

2.3 Wie wird die Prüfung ausgewertet?

Die Leistungen, die Sie in einem Prüfungsteil erbracht haben, werden jeweils einer von drei TestDaF-Niveaustufen (TDN 5, TDN 4, TDN 3) zugeordnet. Auf dem TestDaF-Zeugnis, das Sie einige Zeit nach der Prüfung erhalten, werden diese Ergebnisse separat aufgeführt. Wenn Sie also beispielsweise in manchen Prüfungsteilen das Niveau TDN 5, in anderen TDN 4 erreicht haben, so steht dies dementsprechend auch auf dem Zeugnis.
Es würde vermerkt werden:

Leseverstehen	TDN 5
Hörverstehen	TDN 4
Schriftlicher Ausdruck	TDN 4
Mündlicher Ausdruck	TDN 5.

Im Gegensatz zu einigen anderen Prüfungen, die Sie vielleicht kennen, gibt es bei TestDaF kein „bestanden" oder „nicht bestanden". Wenn Sie mit Ihren Ergebnissen nach der ersten von Ihnen abgelegten Prüfung nicht zufrieden sind oder das für die Aufnahme an der deutschen Hochschule erforderliche Niveau noch nicht erreicht haben, können Sie die Prüfung wiederholen. Die Möglichkeit der Wiederholung ist nicht beschränkt.

Einleitung

TestDaF-Niveaustufen

Damit Sie eine Vorstellung davon bekommen, was ein Leistungsstand auf TDN 5, TDN 4 und TDN 3 bedeutet, sind die TestDaF-Niveaustufen im Folgenden kurz beschrieben.

TDN 5	Wenn Ihre Leistungen auf dem Niveau TDN 5 liegen, dann sind Sie in der Lage, anspruchsvolle längere Texte zu einem breiten Spektrum von Themen in ihrem Gesamtzusammenhang und in Einzelheiten zu verstehen. Sie können diesen Texten auch implizite Informationen entnehmen, beispielsweise erkennen, wie die Einstellung des Autors / Sprechers ist oder ob etwas ironisch gemeint ist. Sie können Texte zu komplexen Sachverhalten verfassen, die sprachlich und inhaltlich klar strukturiert sind, und machen dabei kaum Fehler. Außerdem können Sie sich spontan und fließend mündlich äußern und müssen dabei in der Regel nicht nach Worten suchen.
TDN 4	Wenn Ihre Leistungen auf dem Niveau TDN 4 eingestuft werden, dann sind Sie in der Lage, komplexe Texte zu konkreten und abstrakten Themen zu verstehen, und können ihnen Hauptaussagen sowie Einzelheiten entnehmen. Sie können einen zusammenhängenden, strukturierten Text verfassen. Dabei machen Sie gelegentlich Fehler, die das Textverständnis jedoch nicht behindern. Sie können sich zu einer Vielzahl von Themen so spontan und fließend mündlich äußern, dass ein normales Gespräch mit muttersprachlichen Sprechern möglich ist.
TDN 3	Wenn Ihre Leistungen auf TDN 3 eingestuft werden, dann sind Sie in der Lage, Texten aus dem studienbezogenen Alltag (z.B. Informationen für Erstsemester) Hauptaussagen und wesentliche Einzelheiten zu entnehmen. Texte zu wissenschaftlichen Themen können Ihnen jedoch noch Schwierigkeiten bereiten. Sie können einen einfachen, zusammenhängenden Text zu einem Thema verfassen, das Ihnen vertraut ist. Dabei machen Sie gelegentlich Fehler, die das Textverständnis beeinträchtigen. In studienbezogenen Alltagssituationen können Sie sich verständlich machen, wenn es auch gelegentlich zu Missverständnissen kommt.
Unter TDN 3	Wenn Ihre Leistungen unterhalb von TDN 3 liegen, wird nur festgestellt, dass Sie das Eingangsniveau von TestDaF noch nicht erreicht haben.

Wie Sie aus der Beschreibung der Niveaustufen sehen, ist TestDaF eine Sprachprüfung für Kandidaten auf fortgeschrittenem sprachlichem Niveau. Das gilt auch für die unterste TestDaF-Stufe, TDN 3. Melden Sie sich also erst zur Prüfung an, wenn Sie schon fortgeschrittene Deutschkenntnisse haben. Wenn Sie also beispielsweise das „Zertifikat Deutsch" bestanden und danach noch ca. 300 – 400 Stunden Sprachunterricht Deutsch gehabt haben oder wenn Sie z.B. einen Mittelstufenkurs des Goethe-Instituts bzw. einer anderen vergleichbaren Sprachschule erfolgreich abgeschlossen haben, verfügen Sie vermutlich über fortgeschrittene Deutschkenntnisse.

Wenn Sie unsicher sind, was Ihren Leistungsstand angeht, so kann Training TestDaF Ihnen dabei helfen, Ihre Sprachkenntnisse in Bezug auf die Anforderungen des TestDaF realistisch einzuschätzen, denn die Übungen und Aufgaben entsprechen genau den Anforderungen des TestDaF.
Die Aufgaben des TestDaF sind innerhalb eines Fertigkeitsbereichs – bis auf den Prüfungsteil „Schriftlicher Ausdruck" – unterschiedlich schwierig. Innerhalb eines Prüfungsteils sind sie nach ansteigendem Schwierigkeitsgrad angeordnet, vgl. die nachstehende Übersicht:

Prüfungsteil Leseverstehen	Niveau
Leseverstehen 1	TDN 3
Leseverstehen 2	TDN 4
Leseverstehen 3	TDN 5

Einleitung

Prüfungsteil Hörverstehen	Niveau
Hörverstehen 1	TDN 3
Hörverstehen 2	TDN 4
Hörverstehen 3	TDN 5

Prüfungsteil Mündlicher Ausdruck	Niveau
Aufgaben Nr. 1, Nr. 2, Nr. 7	TDN 3
Aufgaben Nr. 3, Nr. 5	TDN 4
Aufgaben Nr. 4, Nr. 6	TDN 5

Wenn Sie also beispielsweise die Übungen / Aufgaben, die auf Leseverstehen 3 vorbereiten, ohne Schwierigkeiten gelöst haben, können Sie davon ausgehen, dass Sie die Anforderungen für den Prüfungsteil Leseverstehen auf TDN 5-Niveau bewältigen können.

2.4. Wie meldet man sich zur Prüfung an?

Sie müssen sich in einem TestDaF-Testzentrum anmelden. Unter http://www.testdaf.de können Sie nachsehen, wo sich in Ihrer Nähe ein Testzentrum befindet, das die Prüfung TestDaF anbietet, und wann die nächsten Prüfungen stattfinden. Meist sind hier auch die Ansprechpartner, deren Telefonnummern und E-Mail-Adressen angegeben. Lassen Sie sich im Testzentrum über die weiteren Prüfungsmodalitäten im Einzelnen beraten.

Sie können sich zur Prüfung TestDaF nur im von Ihnen gewählten Testzentrum anmelden, nicht beim TestDaF-Institut.

Im Testzentrum bekommen Sie ein Anmeldeformular, das Sie ausfüllen und abgeben müssen. Die Anmeldung ist erst dann gültig, wenn Sie das Prüfungsentgelt bezahlt haben. Auch das müssen Sie mit dem Testzentrum abwickeln. Sie können auch das Anmeldeformular von der Website des Testzentrums herunterladen, ausfüllen und an das Testzentrum schicken. Nehmen Sie aber auf jeden Fall vor der Prüfung telefonisch, schriftlich oder per E-Mail Kontakt mit dem Testzentrum auf, damit Sie alle notwendigen Informationen erhalten.

Achten Sie darauf, dass Sie sich rechtzeitig anmelden! In der Regel liegt der Anmeldeschluss etwa vier Wochen vor dem Prüfungstermin. Der Anmeldeschluss zu jeder Prüfung wird auch im Internet bekannt gegeben (unter http://www.testdaf.de). Nach dem offiziellen Anmeldeschluss können Anmeldungen nicht mehr berücksichtigt werden.

Wenn Sie sich nach dem Anmeldeschluss wieder abmelden, bekommen Sie Ihr Prüfungsentgelt nicht zurück. Sie sollten bei der Anmeldung also sicher sein, dass Sie am gewählten Prüfungstermin auch wirklich teilnehmen können.
Nach der korrekten Anmeldung erhalten Sie vom Testzentrum eine Bestätigung, dass Sie am Test teilnehmen können. Bringen Sie zur Prüfung unbedingt mit:

- die geforderten Ausweispapiere
- die Anmeldebescheinigung
- einen schwarzen Schreibstift (z.B. Kugelschreiber). Andere Hilfsmittel benötigen Sie nicht. Sie sind in der Prüfung auch nicht erlaubt.

Einleitung

2.5. Wie verläuft die Prüfung?

Die einzelnen Prüfungsteile werden in der folgenden Reihenfolge geprüft:
1. Leseverstehen, 2. Hörverstehen, 3. Schriftlicher Ausdruck, 4. Mündlicher Ausdruck.
Nach den Prüfungsteilen „Hörverstehen" und „Schriftlicher Ausdruck" gibt es jeweils eine Pause.

Eine Besonderheit des TestDaF ist, dass die Mündliche Prüfung ein kassettengesteuertes Format hat. Das bedeutet, dass die Prüfung z.B. in einem Sprachlabor stattfindet, die Aufgaben zentral abgespielt werden und Ihre Antworten auf Kassette aufgenommen werden.

Die Prüfung dauert insgesamt etwas mehr als 3 Stunden (ohne Pausen).

Achten Sie darauf, dass Sie bei der Prüfung alle Aufgaben bearbeiten. Auch wenn Sie meinen, dass Ihre Sprachkenntnisse auf dem Niveau TDN 5 sind, reicht es nicht aus, wenn Sie während des Tests lediglich die Aufgaben auf diesem Anforderungsniveau bearbeiten.
Achten Sie darauf, dass Sie in der Prüfung einen schwarzen Kugelschreiber oder Tintenstift verwenden.

Nach dem Test werden alle Prüfungsunterlagen vom Testzentrum an das TestDaF-Institut zur Korrektur geschickt. Das garantiert, dass alle Prüfungsleistungen gleich und objektiv behandelt werden. Das TestDaF-Institut stellt Ihnen ein Zeugnis mit den Leistungen in jeder Teilprüfung aus. Ihr Zeugnis bekommen Sie vom Testzentrum.
Wenn Sie sich um einen Studienplatz an einer Fachhochschule oder einer Universität in Deutschland bewerben wollen, schicken Sie am besten zunächst nur eine (beglaubigte) Kopie dieses Zeugnisses an die Hochschule. Bei der Immatrikulation müssen Sie aber auf jeden Fall das Original vorlegen. Geben Sie das Original vorher nicht aus der Hand.

Natürlich finden Sie noch viel mehr Informationen auf der Website des TestDaF-Instituts. Schauen Sie immer mal wieder auf die Seite http://www.testdaf.de. Hier werden alle Neuigkeiten veröffentlicht.

3. Wie können Sie sich mit dem Trainingsprogramm TestDaF auf die Prüfung vorbereiten?

Mit diesem Trainingsprogramm können Sie

- sehen, was in den einzelnen Prüfungsteilen von Ihnen verlangt wird.
- die Art und den Schwierigkeitsgrad der Prüfungsaufgaben kennen lernen.
- sich Fertigkeiten zur Lösung der Prüfungsaufgaben aneignen.
- die Bearbeitung der Prüfungsaufgaben schrittweise üben.
- anhand der Lösungen Ihren Leistungsstand einschätzen.

Das Trainingsprogramm besteht aus einem Trainingsbuch (mit Lösungsteil) und zwei eingelegten Audio CDs (zum Hörverstehen und zum mündlichen Ausdruck).

3.1 Aufbau des Buches

Den Teilen der Prüfung entsprechend hat auch dieses Trainingsbuch vier Kapitel: Leseverstehen, Hörverstehen, Schriftlicher Ausdruck, Mündlicher Ausdruck. Alle Kapitel sind gleich aufgebaut und in mehrere Übungsschritte untergliedert.

Der erste Schritt ist immer die Einführung in den jeweiligen Prüfungsteil. In der Einführung werden die Prüfungsziele, die Prüfungsinhalte und die Aufgabenstellung erläutert. Anhand eines Beispiels werden alle Komponenten der Aufgabenstellung erklärt.

Anschließend folgt der Übungsteil, der in mehrere Schritte untergliedert ist. Am Ende jedes Schritts finden Sie eine Anwendungsaufgabe, in der alle vorher einzeln geübten Bearbeitungsschritte zusammengefasst werden. Die Anwendungsaufgaben entsprechen in der Art der Aufgabenstellung den Prüfungsaufgaben von TestDaF.

Einleitung

Die einzelnen Kapitel schließen mit einem Modelltest. Anhand dieses Modelltests können Sie den jeweiligen Prüfungsteil unter Prüfungsbedingungen üben. Dazu werden Ihnen einleitend wichtige Hinweise gegeben.

Am Ende des Buches finden Sie Lösungen zu den Übungen der einzelnen Kapitel. Bei manchen Übungen gibt es mehr als nur eine Lösung. In diesem Fall wird Ihnen meist ein Lösungsvorschlag oder ein Hinweis zur Einschätzung Ihrer eigenen Lösung gegeben. Die Musterlösungen der Anwendungsaufgaben und des Modelltests zum Kapitel „Mündlicher Ausdruck" finden Sie ausschließlich auf den Audiomaterialien. Sie sind nicht im Buch abgedruckt. Außerdem finden Sie im Lösungsteil zu einigen Übungen weitere Redemittel.

3.2 Die Audio-CDs

Zu den Kapiteln „Hörverstehen" und „Mündlicher Ausdruck" gibt es jeweils eine CD. Die CD 1 zum „Hörverstehen" enthält die Hörtexte der Beispielaufgabe, der Übungen und der Anwendungsaufgaben sowie einen vollständigen Modelltest. Die Anwendungsaufgaben und der Modelltest entsprechen in allen Merkmalen dem TestDaF; das heißt, die CD enthält alle Arbeitsanweisungen, Lesepausen und Pausen für die Bearbeitung der Aufgaben, die Sie auch in der Prüfung hören werden.

Die CD 2 zum „Mündlichen Ausdruck" enthält eine Beispielaufgabe, die Anwendungsaufgaben sowie einen vollständigen Modelltest. Die Anwendungsaufgaben und der Modelltest entsprechen exakt dem TestDaF-Format; das heißt, alle Pausen (für Vorbereitungs- und Sprechzeiten) sind berücksichtigt. Im Anschluss an die Anwendungsaufgabe und am Ende des Modelltests finden Sie jeweils Musterlösungen zu den Aufgaben, die Sie mit Ihren eigenen Antworten vergleichen können.

Für die Arbeit mit den Kapiteln „Hörverstehen" und „Mündlicher Ausdruck" benötigen Sie ein Abspielgerät. Wenn Sie beim Mündlichen Ausdruck Ihre Antworten aufnehmen und mit den Musterlösungen vergleichen wollen, brauchen Sie ein zusätzliches Aufnahmegerät.

4. Wie können Sie sich am besten mit diesem Trainingsmaterial auf die Prüfung vorbereiten?

Nachstehend wollen wir Ihnen einige Hinweise geben, wie Sie mit diesen Trainingsmaterialien am effektivsten arbeiten können.

Sie können die vier Kapitel des Trainingsprogramms in beliebiger Reihenfolge durcharbeiten, d.h. Sie müssen nicht mit dem ersten Kapitel „Leseverstehen" beginnen. Innerhalb eines Kapitels sollten Sie jedoch unbedingt die vorgegebene Abfolge einhalten, denn die einzelnen Übungen bauen aufeinander auf und bereiten die Anwendungsaufgaben systematisch vor. Zum Abschluss eines jeden Kapitels sollten Sie den Modelltest unter Prüfungsbedingungen durchführen.
Sie können aber auch erst alle vier Kapitel durcharbeiten und zum Abschluss – wie in der realen Prüfung – den Modelltest für alle vier Bereiche durchführen.

Wir empfehlen Ihnen, während der Arbeit mit diesem Trainingsprogramm ein Lernprotokoll zu führen. Es hilft Ihnen, herauszufinden, was Sie schon gut können und wo Sie noch weiteren Trainingsbedarf sehen. Legen Sie sich dazu ein Heft an, in das Sie sowohl die Nummern der Übungen wie auch Ihre Kommentare und Ideen dazu eintragen. Halten Sie auch kurz fest, wie Sie die Übung bewältigt haben, ob sie Ihnen leicht fiel oder ob Sie an bestimmten Stellen Schwierigkeiten hatten. Wenn Letzteres der Fall war, sollten Sie die Übung nach einer gewissen Zeit noch einmal durcharbeiten.

Das Trainingsmaterial ist so angelegt, dass Strategien zur Bewältigung der Prüfungsaufgaben geübt werden. Durch die Anwendung solcher Strategien können Sie in der Prüfung viel Zeit sparen. Im Kapitel „Schriftlicher Ausdruck" lernen Sie z.B., wie Sie am besten vorgehen, wenn Sie eine Grafik beschreiben sollen. Dieses Vorgehen können Sie aber auch bei beliebigen anderen Grafiken anwenden und auch anhand von weiteren Grafiken üben, die Sie in Zeitungen oder Zeitschriften finden.
Das Kapitel „Mündlicher Ausdruck" bereitet Sie gezielt auf das spezielle (kassettengesteuerte) Format dieser Prüfung vor und bietet Ihnen Gelegenheit, den Ablauf aktiv zu trainieren. Sie werden bemerken, dass Sie sich bereits nach einer oder zwei Anwendungsaufgaben an das Format gewöhnen. Nach der Bearbeitung des Kapitels „Mündlicher Ausdruck" werden Sie so viel Sicherheit gewonnen haben, dass Ihnen der Ablauf der Prüfung absolut vertraut ist. In der realen Prüfung können Sie sich daher ganz auf die Inhalte der Aufgaben konzentrieren, ohne durch die Besonderheit des Formats abgelenkt zu werden.

Einleitung

Versuchen Sie, einen Lernpartner zu finden oder eine Lerngruppe zu organisieren. Arbeiten Sie die Übungen zunächst individuell durch. Tauschen Sie die Ergebnisse in der Lerngruppe aus und korrigieren Sie sich gegenseitig. Anschließend sollten Sie diskutieren, wo es Schwierigkeiten gab und warum. Versuchen Sie gemeinsam, dafür eine Lösung zu finden. Überlegen Sie sich in der Lerngruppe auch weitere Übungsmöglichkeiten. Sie können z.B. zu aktuellen Themen Argumente sammeln, Stellungnahmen vorbereiten und in der Lerngruppe mündlich oder schriftlich präsentieren.

Die Lösungen am Ende des Buches dienen der Kontrolle der eigenen Leistung. Die Lösungen zu den Kapiteln „Schriftlicher Ausdruck" und „Mündlicher Ausdruck" bieten darüber hinaus Strukturierungshilfen für die Erstellung eigener Texte (schriftlich wie mündlich), zusätzliche sprachliche Mittel und Musterlösungen (vgl. S. 8 oben). Diese können Sie verwenden, um Ihre eigenen Texte noch einmal zu überarbeiten und auch, um weitere Texte zu erstellen.

Im Internet unter http://www.testdaf.de finden Sie zwei Modellsätze, mit denen Sie Ihre Prüfungsvorbereitungen weiter fortsetzen können.

Wir wünschen Ihnen viel Spaß bei der Prüfungsvorbereitung mit Training TestDAF.

Lieber Kursleiter, liebe Kursleiterin,

Sie werden einen Prüfungsvorbereitungskurs zum TestDaF leiten. Dazu hilft Ihnen das Material zur Prüfungsvorbereitung in **Training TestDaF.**
Im Folgenden möchten wir Ihnen einige Hinweise zum Umgang mit diesem Trainingsprogramm geben.

1. Wie viele Unterrichtsstunden sind für dieses Programm zu veranschlagen?

Wie lange die Durcharbeitung dieses Trainingsmaterials in Anspruch nimmt, lässt sich nicht allgemein festlegen. Dies hängt u.a. vom Sprachstand und den Bedürfnissen der Lernergruppe ab, der zur Verfügung stehenden Zeit, ob im Intensivkurs gearbeitet wird oder einmal pro Woche zwei Stunden. Um die wichtigsten Aspekte der einzelnen Kapitel zu erarbeiten, sollten Sie aber ein Minimum von zwanzig Unterrichtsstunden einplanen. Insgesamt bietet dieses Programm Trainingsmaterial für ca. 60 Unterrichtsstunden.

Die Kapitel „Schriftlicher Ausdruck" und „Mündlicher Ausdruck" erfordern sicher mehr Stunden als die Kapitel „Leseverstehen" und „Hörverstehen". Im Kapitel „Schriftlicher Ausdruck" sind Texte bzw. Textabschnitte zu verfassen und zu überarbeiten, was, je nach Voraussetzungen der Lernergruppe, mit relativ hohem Zeitaufwand verbunden sein kann. Das Kapitel „Mündlicher Ausdruck" erfordert insofern einen erhöhten Stundenbedarf, als hier ein (bislang) wenig verbreitetes Prüfungsformat trainiert werden muss.

2. Wie arbeitet man mit dem Trainingsprogramm?

Generell sollte die Einführung in ein Kapitel bzw. in ein Unterkapitel im Kurs gemeinsam erfolgen. Die Übungen können anschließend in Einzel- oder Partnerarbeit oder auch als Hausaufgabe erarbeitet werden. Die Ergebnisse sollten jedoch im Unterricht ausgetauscht und Schwierigkeiten besprochen werden. Dies ist insbesondere bei solchen Übungen zu beachten, für die es keine Lösung oder nur einen Lösungsvorschlag im Trainingsbuch gibt.

Die Anwendungsaufgaben am Ende eines jeden Lernschrittes eignen sich gut für die Durchführung im Kurs. Hier können jeweils einzelne Prüfungsteile unter Prüfungsbedingungen abgelegt werden. Sie als Kursleiter / Kursleiterin sollten dabei streng auf die Einhaltung der Prüfungsbedingungen achten. Für die Kapitel „Hörverstehen" und „Mündlicher Ausdruck" bedeutet dies u.a., dass Sie die CD während der jeweiligen Anwendungsaufgabe nicht stoppen sollten, bevor diese beendet ist. Dasselbe gilt für die Modelltests, die Sie wahlweise jeweils am Ende eines Kapitels oder im Ganzen zum Abschluss des Trainingsprogramms durchführen können.

Einleitung

Beim Kapitel „Schriftlicher Ausdruck" empfiehlt es sich, die Grafiken, die Schritt für Schritt erarbeitet werden, zu kopieren und an Ihre Kursteilnehmer auszuteilen. So brauchen sie bei den Übungen nicht ständig zurückblättern.

Ihre besondere Aufmerksamkeit erfordert möglicherweise das Kapitel „Mündlicher Ausdruck", wenn Sie mit einem kassettengesteuerten Format bislang noch nicht vertraut sind.

Bei den Anwendungsaufgaben dieses Kapitels können Sie wahlweise wie folgt vorgehen:

a) Sie bestimmen einen Kursteilnehmer/ eine Kursteilnehmerin, der / die die Aufgabe (vor der Klasse) bearbeiten soll. Dann starten Sie die CD 2. Der Teilnehmer / die Teilnehmerin spricht seine / ihre Lösung in der dafür vorgesehenen Sprechzeit. Falls möglich, sollte man die Teilnehmeräußerungen aufnehmen, damit sie später besser analysiert werden können. Der Kurs überlegt anschließend gemeinsam, was gut und was weniger gut gelungen ist. Das Ganze kann man mit einem oder zwei weiteren Teilnehmern wiederholen.
Zum Schluss kann die Musterlösung gehört und mit den Äußerungen der Kursteilnehmer verglichen werden.

b) Sie können die Anwendungsaufgaben auch so durchführen, dass jeder Kursteilnehmer / jede Kursteilnehmerin seine (ihre) Antwort auf ein Aufnahmegerät spricht, zum Beispiel in einem Sprachlabor oder an einem Multimediacomputer. Wenn weder Sprachlabor noch Multimediacomputer zur Verfügung stehen oder Ihnen dies für die Durchführung der Anwendungsaufgaben als zu aufwändig erscheint, können Sie Ihre Teilnehmer bitten, ihren Walkman oder einen anderen kleinen Kassettenrekorder mitzubringen. So können die Lösungen aller Teilnehmer individuell aufgenommen werden, und jeder Teilnehmer hat die Möglichkeit, seine Leistung zu überprüfen. Anschließend sollten – wie im obigen Fall – einzelne Lösungen vorgespielt, besprochen und mit der Musterlösung verglichen werden.

Den Modelltest zum „Mündlichen Ausdruck" sollten Sie auf jeden Fall als Ganzes durchführen, um die Prüfungssituation zu simulieren. Gehen Sie dabei vor, wie bei den Anwendungsaufgaben unter b) beschrieben.

3. Literaturhinweise

Zum TestDaF sind eine Reihe von Aufsätzen erschienen, die Ihnen bei der Vorbereitung des Prüfungstrainings hilfreich sein können. Sie finden darin genaue Informationen zur Entstehung der Prüfung, zu den Inhalten und Zielen. Zu empfehlen sind auch einige Publikationen, die sich speziell mit dem Format des „Mündlichen Ausdrucks" auseinandersetzen.

Eine aktuelle Literaturliste – sowie einige Aufsätze zum Downloaden – finden Sie auf der Homepage des TestDaF-Instituts unter http://www.testdaf.de.

Leseverstehen — *Training*

Einführung in den Prüfungsteil „Leseverstehen"

Mit der Einführung neuer Medien, insbesondere Computer und Internet, verändern sich die Lerngewohnheiten. Die Palette der Lernmöglichkeiten hat sich bedeutend vergrößert. Bei aller Veränderung ist aber eine Basisqualifikation nicht zu ersetzen: die Lesekompetenz. Wer studiert, muss sich das erforderliche Wissen in der Regel über Texte unterschiedlicher Art – ob am Bildschirm oder aus einem Buch – aneignen. Darüber hinaus ist das Textangebot, mit dem ein Student / eine Studentin tagtäglich konfrontiert wird, nicht geringer geworden. Seien es Aushänge, Informationsbroschüren oder Vorlesungsverzeichnisse – als Studierende(r) müssen Sie mit einer Vielzahl von Texten umgehen können.

Der Prüfungsteil „Leseverstehen" überprüft deshalb, inwieweit Sie in der Lage sind, Texte unterschiedlicher Textsorten zu verstehen. Dazu werden Ihnen drei verschiedene Lesetexte präsentiert, zu denen Sie jeweils Aufgaben lösen sollen. Die Grundlage der ersten Prüfungsaufgabe bilden <u>acht kurze Texte</u>, beispielsweise Buch<u>beschreibungen</u> aus einem Verlagsprospekt. Der zweite Text entstammt einem <u>Sachbuch</u>, einer <u>Zeitschrift</u> oder der <u>Hochschulseite</u> einer <u>Tageszeitung</u>, während der dritte Lesetext ein <u>Ausschnitt</u> aus einem <u>Lehrbuch</u> oder einer <u>Fachzeitschrift</u> sein kann. Die Texte und Aufgaben sind unterschiedlich schwierig und nach ansteigendem Schwierigkeitsgrad angeordnet.

Der Prüfungsteil „Leseverstehen" dauert 50 Minuten und ist folgendermaßen aufgebaut:

	Leseverstehen 1	**Leseverstehen 2**	**Leseverstehen 3**
Textvorlage	8 kurze Texte, z.B. Anzeigen	Zeitungstext, Bericht	Lehrbuchtext, Fachbuchtext
Umfang	300 – 450 Wörter	450 – 600 Wörter	550 – 650 Wörter

In den Prüfungsunterlagen für das „Leseverstehen" finden Sie auf der Seite 3 die Anleitung.

a) Lesen Sie die kurze „Anleitung zum Leseverstehen".

> **Anleitung**
> Zum Leseverstehen erhalten Sie ein **Antwortblatt**.
> Am Ende des Prüfungsteils haben Sie 10 Minuten Zeit, um Ihre Lösungen auf das **Antwortblatt zu übertragen.**
> Nur Lösungen auf dem Antwortblatt werden gewertet!
> Achten Sie bitte darauf, das Antwortblatt korrekt auszufüllen. Hierzu finden Sie genaue Anweisungen auf dem Antwortblatt.

b) Machen Sie sich dazu einen Merkzettel und ergänzen Sie die Stichworte.

```
Meine Lösungen schreibe ich: _____

Dazu habe ich so viel Zeit: _____ Minuten.

Achtung!
Nur _____ auf dem _____ werden _____.
```

Training — Leseverstehen

Alle Aufgaben des Prüfungsteils „Leseverstehen" sind nach dem gleichen Prinzip aufgebaut und bestehen aus den folgenden Komponenten:

1. Nummer(n) des Lesetextes und der Einzelaufgaben
2. Zeitangabe
3. Arbeitsanweisung *(working instructions)*
4. Text [1]
5. Arbeitsanweisung für die Einzelaufgaben
6. Beispiel(e) für die Aufgabe
7. (Einzel)aufgaben

[1] Achtung: Bei Prüfungsaufgabe 1 werden zuerst die Beispiele und die (Einzel)aufgaben und dann der Text präsentiert.

Nachstehend finden Sie ein Beispiel für eine Aufgabenstellung.[2]

---

1 Lesetext 2: Aufgaben 11 – 20

3 Lesen Sie den Text und lösen Sie die Aufgaben.

2 ca. 20 min.

Standvögel

Zahlreiche Vogelarten wie beispielsweise Amsel oder Mönchsgrasmücke fliegen in kalten Wintermonaten über Tausende von Kilometern in wärmere Regionen. Doch seitdem die Winter erheblich milder ausfallen als noch vor einigen Jahrzehnten, ändern die Vögel ihr Verhalten: Immer mehr bleiben in Mitteleuropa. Welche Mechanismen dahinterstecken, hat Professor Peter Berthold von der Max-Planck-Forschungsstelle für Ornithologie in Radolfzell entschlüsselt. Dafür wurde der Vogelkundler vom Bodensee mit dem Philip-Morris-Forschungspreis ausgezeichnet.

Die Mönchsgrasmücke diente Berthold als Forschungsobjekt, um zu belegen, dass Vögel nicht nur in der Lage sind, sich veränderten Umweltbedingungen rasch anzupassen, sondern auch dies verändertes Verhalten durch eine Veränderung ihrer genetischen Struktur an die nachfolgenden Generationen weitergeben. Rund 75 Prozent aller Mönchsgrasmücken sind Zugvögel: Sie fliegen im Winter in wärmere Gefilde, beispielsweise nach Nordafrika. Rund ein Viertel aller Mönchsgrasmücken gelten jedoch als so genannte Standvögel und bleiben selbst in der kalten Jahreszeit an ihrem Aufenthaltsort.

Doch ob eine neu geborene Mönchsgrasmücke Zug- oder Standvogel wird, steckt in ihren Genen, fand Professor Peter Berthold heraus: „Wir haben aus den Vögeln Brutpaare gebildet, also Zugvogel mit Zugvogel brüten lassen und Standvogel mit Standvogel. Wir haben festgestellt, dass sich schon in der ersten Generation aus den Brutpaaren Standvogel mit Standvogel der Anteil an Standvögeln verdoppelt hat und ebenso hat sich bei den Brutpaaren Zugvogel mit Zugvogel der Anteil an Zugvögeln verdoppelt." Bereits nach drei weiteren Generationen blieben nur noch Zug- beziehungsweise Standvögel in einer der beiden Zuchtlinien über. Für Berthold war damit klar, dass Erbanlagen im Zugverhalten eine Rolle spielen, und dass sich das Verhalten in kürzester Zeit ändern kann. Veränderungen vom Zugvogelverhalten hin zum Standvogelverhalten sieht Berthold als direkte Reaktion auf geänderte Umweltparameter an. Durch das wärmere Klima in den Monaten Januar und Februar besteht für die Vögel keine Notwendigkeit zum Vogelzug – eine Information, die sie in wenigen Generationen durch eine schnelle genetische Änderung an ihre Nachkommen weitergeben können.

aus: Forschung & Lehre, 6/2002, S. 315, Verlag Forschung und Lehre, Bonn

---

[2] Dieser Text ist, da er lediglich zur Illustration der Aufgabenkomponenten dient, kürzer als im entsprechenden Prüfungsteil des TestDaF; auch gibt es weniger Aufgaben dazu.

Leseverstehen ———————————————————————————— *Training*

Markieren Sie die richtige Antwort.

(0) Inwieweit hat sich das Verhalten von Zugvögeln geändert?
A Sie bleiben länger weg als vor einigen Jahrzehnten.
B Sie fliegen nicht mehr alle weg.
C Sie fliegen weiter weg als vor einigen Jahrzehnten.
Lösung: B

(11) Mit welchem Forschungsgegenstand befassten sich die Vogelkundler?
A Mit dem Brutverhalten der Mönchsgrasmücke.
B Mit den Ursachen der Wandlung vom Zug- zum Standvogel.
C Mit den veränderten Flugrouten von Zugvögeln.

(12) Was haben die Forscher an der Population der Mönchsgrasmücken beobachtet?
A Alle Mönchsgrasmücken überwintern in subtropischen Regionen.
B Der überwiegende Teil verlässt gegen Winter sein Sommerquartier.
C Drei Viertel der Population ändern im Winter ihren Standort nicht.

(13) Bei welcher Paarungskombination verdoppelte sich der Anteil an Standvögeln?
A Bei der Kombination Standvogel – Standvogel.
B Bei der Kombination Zugvogel – Zugvogel.
C In beiden Paarungskombinationen.

(14) Wie erklären die Forscher das veränderte Verhalten?
A Klimatische Veränderungen bewirken Veränderungen in den Erbinformationen.
B Temperaturschwankungen in den Wintermonaten veranlassen die Vögel zum Bleiben.
C Die Paarung von Zug- und Standvögeln bewirken Veränderungen im Erbgut.

Ü2

Im Folgenden finden Sie kurze Erläuterungen zu den Komponenten 1 bis 7 dieser Beispielaufgabe. Lesen Sie diese Informationen.

1 Nummer(n) des Lesetextes und der Einzelaufgaben
Zu Lesetext 1 sind die Aufgaben 1–10 zu lösen, zu Lesetext 2 die Aufgaben 11–20 und zu Lesetext 3 die Aufgaben 21–30.

2 Zeitangabe
Das Symbol gibt an, wie viel Zeit Sie ungefähr für die Bearbeitung dieses Lesetextes einplanen sollten.

3 Arbeitsanweisung
Bei den Lesetexten 2 und 3 werden Sie aufgefordert, zunächst den Text zu lesen und dann die Aufgaben zu lösen. Bei Lesetext 1 ist die Abfolge von Text und Einzelaufgaben umgekehrt; daher finden Sie an dieser Stelle die Arbeitsanweisung für die Einzelaufgaben. Erst danach folgen die Texte.

4 Text
Das ist der Lesetext, / Das sind die Lesetexte, auf den / auf die sich die Aufgaben beziehen.

5 Arbeitsanweisung für die Einzelaufgaben
Hier ist die Arbeitsanweisung für die Bearbeitung der Einzelaufgaben angegeben.

6 Beispiel(e)
Nach der Arbeitsanweisung werden 1 – 2 Beispiele dafür gegeben, wie die Einzelaufgaben gelöst werden sollen.

7 (Einzel)aufgaben
Im Anschluss daran folgen die jeweiligen Einzelaufgaben.

Training ——————————————————————— Leseverstehen

Hinweise: Zur Arbeit mit diesem Trainingsmaterial

Sie haben nun ein Musterbeispiel für eine Aufgabe des Prüfungsteils „Leseverstehen" kennen gelernt. Im Folgenden werden Sie Schritt für Schritt auf diesen Prüfungsteil vorbereitet.
1. Zunächst wird für jede Aufgabe, d.h. für jeden Lesetext, beschrieben, was von Ihnen verlangt wird.
2. Danach folgen eine oder zwei Übungen. Anhand der Übungen sollen Ihnen Möglichkeiten aufgezeigt werden, wie Sie mit den spezifischen Anforderungen der jeweiligen Prüfungsaufgabe umgehen können.
3. Darauf folgt eine Anwendungsaufgabe, die in Aufbau und Anforderungen den Aufgaben in der TestDaF-Prüfung entspricht.

Hinweise: Zum „Leseverstehen" im TestDaF

- Achten Sie darauf, dass Sie **alle** Texte lesen und **alle** Aufgaben bearbeiten.
- Füllen Sie die Antwortblätter sehr sorgfältig aus. Achten Sie darauf, dass Sie die Lösungen korrekt übertragen, denn Ihr Antwortblatt wird maschinell ausgewertet.

Prüfungsteil Leseverstehen: Lesetext 1

In der ersten Aufgabe des Prüfungsteils „Leseverstehen" müssen Sie Problemstellungen (d.h. Personen, die ein bestimmtes Anliegen haben/eine Information suchen) und passende Informationen in den Kurztexten einander zuordnen. Zunächst werden Ihnen – in den Einzelaufgaben – zehn knappe Personenbeschreibungen vorgelegt, in denen wichtige Merkmale (z.B. Beruf) und Interessen bzw. Wünsche der jeweiligen Person angegeben sind. Dann folgen acht kurze Texte, z.B. Buchrezensionen, Filmangebote oder Veranstaltungshinweise. Sie sollen nun entscheiden, welches Buch oder welcher Film zu welcher Person passt. Beachten Sie, dass nicht für jede Person etwas Passendes dabei ist.

Für diese Aufgabe sind etwa zehn Minuten Bearbeitungszeit veranschlagt. Sie müssen den Kurztexten also möglichst schnell die gesuchten Informationen entnehmen. Das setzt die Fähigkeit voraus, die für die Lösung der Aufgabe wichtigen und unwichtigen Passagen voneinander unterscheiden zu können. Um dies zu trainieren, ist es sinnvoll, jeweils die Schlüsselwörter, d.h. diejenigen Elemente, die die wichtigste Information tragen, zu markieren.

Nachstehend werden neun Personen beschrieben, die alle einen Auslandsaufenthalt planen.

a) Lesen Sie die Kurzbeschreibungen 1. – 9.
b) Unterstreichen Sie jeweils die Schlüsselwörter (hier: z.B. welcher Beruf? welcher Informationsbedarf?).
 1. Ein erfahrener Chirurg sucht eine Stelle in Indien.
 2. Eine Agrarwissenschaftlerin will ein Jahr in Indonesien arbeiten und möchte wissen, welche Impfungen sie dafür braucht.
 3. Ein Unternehmer sucht Geschäftskontakte in Asien.
 4. Ein frisch promovierter Arzt interessiert sich für eine Tätigkeit bei einer internationalen Hilfsorganisation.
 5. Eine Deutschlehrerin möchte sich über Arbeitszeiten von Lehrern und Urlaubsregelungen in Frankreich und Großbritannien informieren.
 6. Ein Berufsschullehrer möchte Deutschunterricht in New York erteilen.
 7. Eine Physikerin sucht eine Stelle an einer amerikanischen Universität.
 8. Ein Bankkaufmann möchte für einige Jahre in Spanien arbeiten und wissen, wie sich das auf seine Rente auswirkt.
 9. Ein Jurastudent möchte ein Semester in Italien studieren.

c) Tragen Sie die Schlüsselwörter in die Tabelle ein.

Nr.	Schlüsselwörter	Angebot?
1.	erfahrener Chirurg – Stelle Indien	
2.	Agrarwissenschaftlerin – ein Jahr in Indonesien Arbeiten – Impfungen	
3.	Unternehmer – Geschäftskontakte – Asien	
4.	Arzt – Tätigkeit – internationalen Hilfsorganisation	
5.	Deutschlehrerin – Arbeitszeiten Lehrern/Urlaubsregelungen – Frankreich – GB	
6.	Berufsschullehrer – Deutschunterricht erteilen – NY	
7.	Physikerin – Stelle Amerikanischen Universität	
8.	Bankkaufmann – Spanien arbeiten – Rente auswirken	
9.	Jurastudent – ein Semester – Italien	

Leseverstehen

Ü4

Im Folgenden werden sieben Institutionen beschrieben, bei denen man sich über Arbeitsaufe[nthalte im] Ausland informieren kann.

a) Überfliegen Sie die Texte A – G, ohne sie im Detail zu lesen.
b) Was vermuten Sie: Welches Angebot könnte für welche Person infrage kommen?
c) Schreiben Sie den Buchstaben des Angebots in die rechte Spalte von Ü3 c) auf S. 14.

Nichts wie weg

A Erste Kontaktstelle
für alle, die im Ausland arbeiten wollen, ist die Internationale Arbeitsvermittlung des Arbeitsamtes. Unter www.arbeitsamt.de/zav/kontakt/abteilung2/index.html sind die aktuellen Programme aufgelistet. Wer Informationen über die Arbeitsmöglichkeiten in einem bestimmten Land sucht, findet hier ebenfalls Ansprechpartner mit Telefonnummern.

B Länderinformationen
zu Stellenangeboten weltweit hält der Bund der Auslandserwerbstätigen (BDAE) unter www.bdae.de bereit. Der Verein berät Interessenten umfassend, egal, ob es um Klima oder Politik des Ziellandes geht oder ob praktische Fragen wie z.B. Besteuerung geklärt werden müssen.

C Junge Mediziner
tauschen ihre Erlebnisse und Erfahrungen im Ausland aus unter www.stethosglobe.de/chancen/chancen.html. Vom Krankenpflegejob in Südafrika über das praktische Jahr in der Schweiz bis hin zur Doktorarbeit in Kuba finden sich hier interessante Tipps und Hinweise.

D Lehrer
aller Schularten und Fächer, die in den USA unterrichten möchten, finden auf der Web-Seite www.lehrer-nach-amerika.de ein reiches Angebot. Die Initiative der Checkpoint-Charlie-Stiftung ist auch unter der Telefonnummer 030/844 9060 erreichbar.

E Die Eures-Berater
der Arbeitsämter verfügen über eine Datenbank mit Stellenangeboten in der Europäischen Union. Außerdem geben sie Auskunft zu den Lebens- und Arbeitsbedingungen im jeweiligen Zielland. Wo der nächste Eures-Berater zu finden ist, erfahren Interessenten unter der Nummer 0130/850400 oder im Internet unter www.europa.eu.int/comm/employment_social/elm/eures/de/about/network.htm.

F Fach- und Führungskräfte
vermittelt das Centrum für internationale Migration und Entwicklung in die Länder Afrikas, Asiens und Lateinamerikas. Wer sich für eine Stelle interessiert, bewirbt sich direkt beim CIM. Im Angebot sind Jobs im Banksektor und im Gesundheitswesen. Zu erreichen ist das CIM unter www.cimffm.de oder per Telefon: 069/719 12 10.

G Antworten auf alle Fragen
rund ums europäische Gemeinschaftsrecht, die für Arbeitende im Ausland relevant sind, gibt die Bundesversicherungsanstalt für Angestellte auf ihren Web-Seiten unter der Rubrik Internationales (www.bfa-berlin.de). Für die schnelle Verbindung gibt es ein kostenfreies Service-Telefon mit der Nummer 0800/333 1919.

Quelle: Chancen für Hochschulabsolventen,
DIE ZEIT Nr. 17, 57. Jahrgang, April 2002, Sonderbeilage, S.32.

d) Lesen Sie nun die Angebote genauer und unterstreichen Sie die Schlüsselwörter.
e) Tragen Sie die Schlüsselwörter in die folgende Tabelle ein.

Nr.	Schlüsselwörter
A	Arbeitsamt – internationale Arbeitsvermittlung – aktuelle Programme
B	Stellenangebote – Bund der Auslandserwerbstätigen – Fragen
C	Erlebnisse – Erfahrungen – Ausland – Tipps – Hinweise
D	
E	
F	
G	

ning _____ Leseverstehen

Ü5

Vergleichen Sie die beiden Schlüsselwörter-Tabellen auf S. 14 und S. 15: Können Sie nun eindeutiger bestimmen, welches Angebot zu welcher Person passt?

a) Revidieren Sie gegebenenfalls Ihre erste Zuordnung (Ü4 b/c).

b) Tragen Sie Ihr endgültiges Ergebnis in die nachfolgende Übersicht ein.

c) Für welche Person konnten Sie kein passendes Angebot finden? Markieren Sie das entsprechende Kästchen mit „I" (= „nIchts").

> Hinweis:
> Achten Sie bei der Lösung der Aufgabe immer darauf, dass alle Kästchen ausgefüllt sind.

Person 1	Person 2	Person 3	Person 4	Person 5	Person 6	Person 7	Person 8	Person 9
					G			

Ü6

a) Fassen Sie zusammen, wie man bei der Lösung dieser Aufgabe am besten vorgeht.

b) Formulieren Sie die einzelnen Lösungsschritte.

c) Tauschen Sie sich mit Ihrem Lernpartner / Ihrer Lernpartnerin aus.

Beispiel:

Ich lese zuerst die Personenbeschreibungen und unterstreiche die wichtigsten Informationen (Schlüsselwörter). Achtung: Wichtige Details wie Alter und Berufserfahrung, besondere Interessen und Wünsche nicht vergessen!

A₁ Anwendungsaufgabe

Lesetext 1: Aufgaben 1 – 10

Sie suchen Sportmöglichkeiten für einige Kommilitonen und Freunde an der Universität.

Schreiben Sie den Buchstaben für das passende Sportangebot in das Kästchen rechts. Jedes Sportangebot kann nur einmal gewählt werden. Es gibt nicht für jede Person ein geeignetes Angebot. Gibt es für eine Person kein geeignetes Angebot, dann schreiben Sie den Buchstaben I in das Kästchen. Das Angebot im Beispiel kann nicht mehr gewählt werden.

Sie suchen ein Sportangebot für...

(01)	eine Bekannte, die gymnastische Übungen machen will.	C (01)
(02)	einen Freund, der Inline-Skating trainieren möchte.	I (02)
1	eine Kommilitonin, die eine Ballsportart erlernen möchte.	1
2	einen Freund, der leidenschaftlicher Wassersportler ist.	2
3	eine Freundin, die eine Mischung von Sportarten ausprobieren möchte.	3
4	einen Kommilitonen, der etwas gemeinsam mit seiner körperbehinderten Freundin machen möchte.	4
5	eine Bekannte, die ein Krafttraining machen möchte.	5
6	einen Kommilitonen, der seine Rückhandtechnik im Tennis verbessern möchte.	6

Leseverstehen — Training

7 eine Freundin, die ihre gymnastischen Kenntnisse auffrischen möchte.
8 einen Freund, der für einen Ball tanzen lernen möchte.
9 die Leiterin Ihres Studentenheims, die nächstes Jahr in Rente geht.
10 einen Bekannten, der eine Ballsportart ausüben und an Wettkämpfen teilnehmen möchte.

A
Fitness-Training
Wer Sport treibt, bleibt auch im Alter fit. Studien haben eindeutig gezeigt, dass Mitglieder von 50plus-Sportgruppen gesünder sind, länger leben und wesentlich höhere Ansprüche an die Lebensqualität haben.
Alle weiblichen Bediensteten der Universität, ehemalige Studentinnen und Seniorenstudentinnen sind herzlich willkommen.
Ort: Sportzentrum
Zeit: montags 16 –17 Uhr

B
Fußball-Tennis – Achtung, da springt der Ball über!
Die Techniker und die Ballkünstler haben den ganzen Winter darauf gewartet: Endlich steht der große Fußball-Spaß wieder im Programm. Gespielt wird mit 4–5 Spielern oder Spielerinnen auf Kleinfeldern nach Tennisregeln.
Ort: Sportplatz der Universität
Zeit: dienstags 18 –19 Uhr

C
Ballett – Bodengymnastik
Mit Hilfe des Bodens als Unterstützung, Widerstand und als Kontrolle der eigenen körperlichen Arbeit werden in Anlehnung an Ballett- und Modern-Dance-Techniken körperliche Voraussetzungen für den Tanz geschaffen.
Ort: Sportzentrum
Zeit: donnerstags 13.30 –15 Uhr (Anfänger)

D
Bauch-/Rückenworkshop
Alle, die noch einmal ein paar tolle und effektive Übungen für die Bauchmuskeln und den Rücken kennen lernen oder / und die richtige Ausführung bekannter Übungen wiederholen möchten, haben hier die praktische Möglichkeit.
Voraussetzung: absolvierter Einführungskurs.
Ort: Sportzentrum
Zeit: Samstag, 25.05. 12.00 – 14.00 Uhr

E
Freies Tanzen
Das Angebot richtet sich an alle, die Freude am spielerischen Experimentieren mit Bewegung und Musik haben. „Freies Tanzen" bedeutet Tanzen ohne vorgegebene Bewegungsfolgen, Grundschritte oder Figuren. Vorkenntnisse sind nicht erforderlich. Für Interessierte besteht die Möglichkeit, die Übungen im Rollstuhl auszuprobieren.
Ort: Erziehungswissenschaftliche Fakultät
Zeit: mittwochs 18.30 – 20 Uhr

F
Gesellschaftstanz
Wer bisher keine Tanzschule besucht hat oder lange keine Gelegenheit mehr hatte zu tanzen, kann beim Uni-Sport Versäumtes nachholen. Auch in diesem Semester bieten wir für alle Tanzbegeisterten Tanzkurse an. Unsere Tanzlehrer/-innen werden sich ordentlich anstrengen, um euch beim Foxtrott, Wiener Walzer, Tango und Samba „schöne Beine" zu machen.
Ort: Uni-Mensa
Zeit: mittwochs 18.00 – 19.15 Uhr

G
Handball – auf zum Tempogegenstoß!
Der Kurs am Mittwoch ist ausschließlich für Interessenten reserviert, die fest in einer Mannschaft spielen möchten. Die Mannschaften nehmen an Turnieren mit befreundeten in- und ausländischen Hochschulen teil.
Ort: Sportzentrum
Zeit: mittwochs 19.45 – 21.30 Uhr (nur Männer)

H
Basketball – Ein Ball, ein Korb und los!
Der großen Nachfrage dieser Sportart steht ein entsprechend umfangreiches Kursprogramm gegenüber. Neben den reinen Spielterminen gibt es donnerstags eine Trainings- und Spielveranstaltung für Damen, bei der Technik- und Taktiktraining im Vordergrund stehen.
Ort: Sportzentrum
Zeit: donnerstags 19.00 – 20.30 Uhr

nach: „Sportprogramm", Universitätssport, Köln

Training — Leseverstehen

3 Prüfungsteil Leseverstehen: Lesetext 2

Im zweiten Teil des Prüfungsteils „Leseverstehen" sollen Sie einen (Zeitungs-)Text zu einem wissenschaftlichen Thema lesen und zehn Fragen beantworten. Zu jeder Frage finden Sie drei Antwortmöglichkeiten, aus denen Sie eine richtige auswählen sollen. Die einzelnen Fragen beziehen sich jeweils auf einen bestimmten Abschnitt des Textes und erfragen in der Regel Einzelheiten. Lesen Sie daher den Text, die Fragen und die Antwortmöglichkeiten sehr sorgfältig, um aus den vorgegebenen Antworten die richtige auswählen zu können.
Für diese Aufgabe sollten Sie ca. 20 Minuten Bearbeitungszeit einplanen.

Ü 7

Im Folgenden sind ein Lesetext und Fragen zum Text abgedruckt.

a) Lesen Sie den Text und die Fragen 1 – 8.

Kopf frei für das Wesentliche
Psychologie – Studie zur Bedeutung von Klischees

Mathematiker sind weltfremd, Biologen tierlieb, Frauen sensibel und Männer durchsetzungsstark, Skinheads sind abstoßend, Sozialarbeiter aber sympathisch: Klischeebilder wie diese haben eine wichtige Funktion und bestimmen unsere Vorstellungen – oft sogar mehr, als uns lieb ist.

Was aber, wenn es ein junges Mädchen ist, das den Banküberfall verübt? Was, wenn es ein gefährlich aussehender Punk ist, der der alten Dame über die Straße hilft? Solche „unerwarteten" Informationen merken wir uns anscheinend besonders gut. Daraus wird deutlich, dass unser Gehirn offenbar versucht, neue Information effizient zu verarbeiten. Das hat Katja Ehrenberg, Psychologin an der Universität Bonn, in einer vor kurzem abgeschlossenen Studie festgestellt.

Robert ist Skinhead, Stefan Sozialpädagoge, und beide haben etwas gemeinsam: Sie existieren nur in den Zeichenfolgen eines Computerprogramms, mit dem Katja Ehrenberg vom Institut für Psychologie an der Universität Bonn den Sinn so genannter „Stereotypen" untersucht.

Am Bildschirm hat die Doktorandin Portraitfotos gebastelt, die dem Klischee entsprechen – Robert ist kahl geschoren, bullig, und blickt uns mit kalten Augen an. Stefan hat gescheitelte Haare und ein offenes Lächeln auf dem Gesicht. Außerdem hat sich Frau Ehrenberg zu ihren beiden virtuellen Personen eine Reihe von Aussagen einfallen lassen, sowohl positive als auch negative: zum Beispiel, dass Skin Robert seinen Freunden hilft, wo er kann, seinen Müll trennt und keine Ausländer mag. Oder dass Stefan für Bettler nie eine Mark übrig hat, grundsätzlich nicht sein Auto verleiht, aber ein guter Zuhörer ist und gut mit Kindern umgehen kann.

Insgesamt 400 Versuchspersonen haben Robert und Stefan inzwischen kennen gelernt, mitsamt ihren positiven und negativen Eigenschaften. Sollten sie nach dem Experiment die einzelnen Aussagen wieder der richtigen Person zuordnen, so gelang ihnen das wesentlich häufiger, wenn die Eigenschaft in Widerspruch zu der Erwartungshaltung gestanden hatte:

Daran, dass Stefan Bettlern kein Geld gibt, erinnerten sich mehr Versuchspersonen als daran, dass er gut zuhören kann. Dieser Effekt verstärkte sich noch, wenn die Versuchspersonen während des Experiments abgelenkt waren, – nebenbei „mit einem Ohr" aufgeschnappte Informationen prägt man sich vor allem dann ein, wenn sie überraschend sind.

„Dass wir uns vor allem Abweichungen von der erlernten Norm merken, ist durchaus sinnvoll", ist die Mitarbeiterin der Arbeitsgruppe Sozial- und Persönlichkeitspsychologie von Professor Karl Christoph Klauer überzeugt. „In der Regel fahren wir damit nicht schlecht: Alles, was nicht zu unseren Erfahrungen passt, merken wir uns, und ansonsten orientieren wir uns an den Stereotypen. Ohne diese Strategie wären wir angesichts der Informationsfülle, die täglich auf uns hereinprasselt, völlig überfordert." Die Klischeebilder dienen uns sozusagen als Schablone, zu der wir nur noch die Abweichungen registrieren. So kann unser Gehirn die zu verarbeitende Datenmenge auf ein erträgliches Maß reduzieren, indem es alles, was uns nicht überrascht, vergisst und bei Bedarf aus dem Klischeebild rekonstruiert.

aus: (leicht bearbeitet): forsch – Bonner Universitätsnachrichten 1, Februar 2002, S. 12
Rheinische Friedrich-Wilhelms-Universität Bonn

Fragen:
1. Welche Rolle spielen Klischees?
2. Wie gehen wir mit Informationen um, die unseren Klischees widersprechen?
3. Wer sind Robert und Stefan?
4. Wie werden Aussehen und Charakter der beiden beschrieben?
5. Wann konnten die Versuchspersonen sich eine Aussage zu einer Person besonders gut merken?
6. Unter welchen Umständen fiel dieses Ergebnis noch deutlicher aus?
7. Wie lautet das Fazit aus diesem Experiment?
8. Inwiefern tragen Stereotype zur ökonomischeren Arbeit unseres Gehirns bei?

b) Auf welchen Textabschnitt beziehen sich die Fragen 1. – 8. jeweils?
Schreiben Sie die Nummer der Frage an den Rand des Textes.

Hinweis: Die Fragen in dieser Prüfungsaufgabe folgen dem Textverlauf.

Leseverstehen _____ **Training**

Ü8

Beantworten Sie nun die Fragen zu dem Text.

a) Lesen Sie noch einmal den Text und markieren Sie dabei Stichwörter für Ihre Antwort.

b) Formulieren Sie auf der Grundlage der Stichwörter eine Antwort. Schreiben Sie nur einen Satz pro Frage.

Beispiel zu Frage 1: a) Stichwörter: *Klischeebilder – wichtige Funktion – bestimmen – Vorstellungen*
b) Klischees haben eine wichtige Funktion: Sie bestimmen die Vorstellungen, die wir haben.

> Hinweis: In den Auswahlantworten finden Sie oft ganz andere Formulierungen als im Text. Das heißt, Sie müssen erkennen, welcher Wortlaut der Antworten dem Textinhalt entspricht, welcher nicht. Deshalb ist es sinnvoll, wenn Sie Ihr Verständnis für synonyme Ausdrucksweisen schärfen.

Ü9

a) Sehen Sie sich Ihre Antworten zu Ü8 noch einmal an.

b) Überlegen Sie sich eine andere Formulierung.
Beispiel (vgl. Ü8 b): Klischees beeinflussen / prägen / determinieren unsere Vorstellungen / Bilder.

c) Tauschen Sie sich mit Ihrem Lernpartner / Ihrer Lernpartnerin aus.

Ü10

Nachstehend finden Sie die Fragen zum Text mit je drei Auswahlantworten.

a) Vergleichen Sie die vorgegebenen Auswahlantworten mit Ihren Antworten aus Ü8 und Ü9.

b) Markieren Sie übereinstimmende Aussagen.

c) Lesen Sie anschließend den Text auf S. 18 noch einmal und kreuzen Sie dann jeweils die richtige Antwort an.

1. **Welche Rolle spielen Klischees?**
   A Sie prägen die Bilder, die wir von anderen Menschen haben.
   B Sie tragen erheblich zu unserer Selbstwahrnehmung bei.
   C Sie verhindern, dass wir andere Menschen falsch einschätzen.

2. **Wie gehen wir mit Informationen um, die unseren Klischees widersprechen?**
   A Unerwartete Informationen vergessen wir relativ schnell wieder.
   B Unser Gehirn speichert solche Informationen besser als andere.
   C Wir können uns solche Informationen nur schwer einprägen.

3. **Wer sind Robert und Stefan?**
   A Es sind zwei junge Männer, die in Bonn wohnen.
   B Es sind zwei Charaktere, die Katja Ehrenberg erfunden hat.
   C Sie sind Studenten, die an der Universität Bonn studieren.

4. **Wie werden Aussehen und Charakter der beiden beschrieben?**
   A Die eine Person wird nur positiv, die andere Person nur negativ beschrieben.
   B Jede Person weist eine Mischung aus guten und schlechten Eigenschaften auf.
   C Jede Person wird nur mit ihren positiven Verhaltensweisen vorgestellt.

5. **Wann konnten die Versuchspersonen sich eine Aussage zu einer Person besonders gut merken?**
   A Wenn die Versuchspersonen mit dieser Aussage nicht gerechnet hatten.
   B Wenn die Versuchspersonen solch eine Aussage erwartet hatten.
   C Wenn die Versuchspersonen die Aussage positiv beurteilten.

6. **Unter welchen Umständen fiel dieses Ergebnis noch deutlicher aus?**
   A Wenn die Versuchspersonen beim Experiment sehr genau zugehört hatten.
   B Wenn die Versuchspersonen wiederholt an dem Experiment teilnahmen.
   C Wenn die Versuchspersonen sich nicht voll auf das Experiment konzentriert hatten.

7. **Wie lautet das Fazit aus diesem Experiment?**
   A Das, was mit unseren Erfahrungen übereinstimmt, behalten wir gut.
   B Das, was nicht dem Stereotyp entspricht, behalten wir gut.
   C Das, was uns besonders sinnvoll erscheint, behalten wir gut.

8. **Inwiefern tragen Stereotype zur ökonomischeren Arbeit unseres Gehirns bei?**
   A Weil unser Gehirn dadurch weniger Information verarbeiten muss.
   B Weil unser Gehirn nur wenige Klischeebilder speichern muss.
   C Weil wir täglich mit Stereotypen konfrontiert werden.

Söhne bekommen mehr Spielzeug

Psychologen: Im Kinderzimmer gibt es immer noch keine Gleichberechtigung

von Marion Trimborn

Nürnberg. Im Kinderzimmer hat die Gleichberechtigung noch nicht Einzug gehalten. In punkto Spielsachen haben die Jungen deutlich die Nase vorn: Söhne bekommen wesentlich mehr Spielsachen von ihren Eltern geschenkt als Töchter. In den Kinderzimmern der männlichen Nachkommen stapeln sich nicht nur mengenmäßig mehr Spielsachen als bei gleichaltrigen Mädchen, sie kosten auch deutlich mehr.

„Etwa 56 Prozent aller Spielsachen werden an Jungen verschenkt", sagt Werner Lenzner vom Institut Intelect Marktforschung Eurotoys in Nürnberg, das für die Studie 5500 Haushalte befragte. Die Töchter hätten zwar im Jahr 1999 aufgeholt, die Kluft sei aber seit Jahrzehnten sehr ausgeprägt. Bei den Spielsachen-Einkäufen ist der Unterschied noch deutlicher: Eltern investieren 61 Prozent ihrer Spielwaren-Ausgaben für ihre Söhne und nur 39 Prozent für ihre Töchter. Bei durchschnittlichen Pro-Kopf-Ausgaben von 115 € jährlich bekommen Mädchen damit rund 15 € weniger als Buben.

Als wichtigster Grund für die „Benachteiligung" des weiblichen Geschlechts gilt die Aufteilung des Marktes in Jungen- und Mädchenspielzeug. „Spielzeug für Jungen ist teurer, weil es sich dabei meist um technisches oder elektronisches Spielzeug handelt", sagt der Geschäftsführer der Fachhandels-Verbundgruppe Idee+Spiel, Otto E. Umbach. Etwa 51 € koste das teuerste Barbie-Set mit Pferdeanhänger, eine Ritterburg für gleichaltrige Jungs dagegen 117 €.

„Im Spielzeugmarkt wird auch heute noch an der klassischen Rollenverteilung festgehalten", bilanziert die Studie. Wie schon ihre Väter bekommen auch die Söhne Modelleisenbahnen, Autos, Baukästen und Carrera-Bahnen geschenkt. Mädchen werden mit Puppen, Plüschtieren, Brettspielen und Malfarben ausgerüstet. Dieser Unterschied macht sich ab dem Alter von drei Jahren bemerkbar.

„Kinder sprechen geschlechtsspezifisch auf Spielzeug an", erklärt Psychologe Wolfgang Roth von der Pädagogischen Hochschule in Freiburg diese Entwicklung. Das liege an den unterschiedlichen genetischen Anlagen. Mädchen hätten etwa ein viel größeres Sprachbedürfnis, weil ihr Sprachzentrum im Gehirn doppelt so groß sei wie das von Jungen. „Mädchen wollen kommunizieren, und das geht mit Puppen und Plüschtieren am besten." Buben wollten stark sein und ihre Kräfte messen, weswegen sie aggressives und schnelles Spielzeug bevorzugten.

Außerdem verlangten Jungen schon von klein auf mehr Aufmerksamkeit von der Mutter, was sich später in größeren Spielsachengeschenken zeige. „Mädchen sind genügsamer und kreativer, sie brauchen einfach weniger Spielsachen", meint der Spiel-Psychologe. Nach Ansicht der Experten berücksichtigen Eltern bei der Kaufentscheidung die Wünsche ihrer Kinder. „Eltern kaufen nichts, was ihre Kinder nicht wollen", sagt Roth. „Es wäre auch falsch, dem Kind nicht sein Wunsch-Spielzeug zu geben, denn dann wird der Wunsch zum Drama."

Dennoch gäben Eltern – häufig unbewusst – Rollenmuster weiter, meint Pädagoge Jürgen Fritz von der Fachhochschule Köln. „Wir erleben im Kinderzimmer die kulturellen Muster des 19. Jahrhunderts." Vor allem Mütter seien Bewahrerinnen der Tradition. Laut der Studie sind in den Familien Mütter zu 70 Prozent für den Spielwarenkauf zuständig.

Einig sind sich Psychologen und Pädagogen darin, dass Spielzeug nur geringen Einfluss auf die spätere Entwicklung der Kinder hat. „Es ist falsch zu sagen, ein Mädchen, das mit Puppen spielt, wird später eine gute Mutter", sagt Fritz. Das Fernsehen und das soziale Umfeld wie Eltern und Freunde würden den Charakter viel stärker prägen. „Es gibt keine Kausalitäten, dass das richtige Spielzeug ein „richtiges" Kind hervorbringt. Deshalb wird die geschlechtsspezifische Rollenverteilung bei Spielsachen häufig überbewertet."

nach: Kölner Stadtanzeiger Nr. 26 vom 31.01.2001, S. 31, Verlag M.Dumont Schauberg, Köln

Lesetext 2: Aufgaben 11 – 20

Markieren Sie die richtige Antwort.

(0) Inwiefern werden Töchter im Vergleich zu Söhnen benachteiligt?
A Die Jungen nehmen den Mädchen die Spielsachen weg.
B Die Söhne erhalten mehr Spielzeug als die Töchter.
C Eltern spielen häufiger mit den Söhnen als mit den Töchtern.
Lösung: B

11 Auf welcher Grundlage wurde die Studie durchgeführt?
A Der Markt für Spielsachen wurde jahrelang beobachtet.
B Die Einkäufer von Spielzeuggeschäften wurden befragt.
C Mehrere tausend Familien wurden befragt.

12 Welches Ergebnis erbrachte die Studie?
A Der Unterschied zwischen dem Spielzeugkauf für Jungen und Mädchen nimmt zu.
B Die Aufwendungen für Kinderspielzeug sind um 61 Prozent gestiegen.
C Für das Spielzeug von Jungen wird mehr aufgewendet als für das von Mädchen.

13 Was ist die Hauptursache für die unterschiedliche Behandlung?
A Mädchen äußern weniger Spielzeugwünsche als Jungen.
B Mädchenspielzeug ist teuer, deshalb wird weniger gekauft.
C Typische Spielsachen für Mädchen sind günstiger als Jungenspielzeug.

14 Welche Schlussfolgerung wurde aus der Studie gezogen?
A Die verschenkten Spielzeuge entsprechen den traditionellen Geschlechterrollen.
B Eltern geben sich bei der Auswahl von Jungenspielzeug mehr Mühe.
C Söhne äußern dieselben Spielzeugwünsche wie ehemals ihre Väter.

15 Warum sind Puppen als Spielzeug für Mädchen geeignet?
A Weil Puppen die emotionale Entwicklung von Mädchen fördern.
B Weil sie das Kommunikationsbedürfnis der Mädchen erfüllen.
C Weil sie der traditionellen Frauenrolle entsprechen.

16 Welche Verhaltensunterschiede zeigen Jungen und Mädchen?
A Jungen fordern mehr mütterliche Zuwendung als Mädchen.
B Jungen sind von klein auf selbstständiger als Mädchen.
C Jungen zeigen mehr Aufmerksamkeit gegenüber der Mutter.

17 Welchen Einfluss haben Kinder auf die Auswahl von Spielzeug?
A Eltern denken beim Spielzeugkauf eher an die eigene Kindheit.
B Eltern kaufen meist nichts, wenn Kinder zu sehr drängen.
C Kinder bestimmen maßgeblich mit, was gekauft wird.

18 Inwiefern sind es laut der Studie gerade Mütter, die klassische Rollenmuster weitergeben?
A Weil die meisten Mütter sich mit traditionellen Rollen identifizieren.
B Weil Mütter häufiger und länger mit ihren Kindern spielen als Väter.
C Weil überwiegend die Mütter Spielzeug für die Kinder aussuchen.

19 Welche Bedeutung hat Spielzeug auf die Entwicklung von Kindern?
A Spielzeug hat Auswirkungen auf die Entwicklung des Sozialverhaltens.
B Spielzeug prägt in erheblichem Maße den Charakter eines Kindes.
C Spielzeug wirkt sich kaum auf das spätere Verhalten eines Kindes aus.

20 Wie wird die festgestellte Rollenverteilung bei Spielzeug abschließend beurteilt?
A Der Einfluss des Spielzeugs auf die Ausbildung von Rollenmustern ist eindeutig.
B Ihr wird nach Ansicht der Wissenschaftler ein viel zu hoher Stellenwert beigemessen.
C Ihr wird nach Ansicht der Wissenschaftler nicht genug Beachtung geschenkt.

Training — Leseverstehen

4 Prüfungsteil Leseverstehen: Lesetext 3

Bei der dritten Aufgabe des Prüfungsteils „Leseverstehen" sollen Sie sich einen Text zu einem wissenschaftlichen Thema erarbeiten. Dazu werden Ihnen zehn Aussagen zu diesem Text präsentiert.
Bei jeder Aussage sollen Sie sich für eine von drei Wahlmöglichkeiten entscheiden und dementsprechend die richtige Spalte ankreuzen:

1. Die Aussage entspricht einer im Text gemachten Aussage über einen Sachverhalt.
   Sie kreuzen in diesem Fall die Spalte „Ja" an.
2. Die Aussage widerspricht einer im Text gemachten Aussage über einen Sachverhalt.
   Sie kreuzen in diesem Fall die Spalte „Nein" an.
3. Im Text gibt es keine Angaben zu dem Sachverhalt, auf die sich die Aussage bezieht.
   Sie kreuzen in diesem Fall die Spalte „Text sagt dazu nichts" an.

Ähnlich wie bei den Auswahlantworten in Lesetext 2 müssen Sie dabei beachten, dass der Wortlaut der Aussagen in der Regel nicht mit der Formulierung in der Textpassage, auf die sie sich beziehen, übereinstimmt. Auch hier hilft es, wenn Sie Ihre Fähigkeit trainieren, synonyme Ausdrucksmöglichkeiten zu identifizieren.

Für diese Aufgabe sind ebenfalls ca. 20 Minuten Bearbeitungszeit vorgesehen.

Nachstehend finden Sie den Anfang eines Textes sowie vier Aussagen zu dieser Textpassage.

a) Lesen Sie zuerst den Text und dann die Aussagen 1. – 4.

Feuer aus dem Eis

Unter der Tiefsee lagern gewaltige Mengen Methangas. Ist das die Energie der Zukunft? In 25 Jahren könnte nämlich die Technik
5 gereift sein, um zahllose „neue" Quellen in der Tiefsee anzuzapfen. Die Ablagerungen auf dem Boden der Tiefsee enthalten Gashydrat, auch brennendes Eis genannt. Der Gesamtvorrat ist schwer abschätzbar,
10 aber viele Fachleute meinen, er werde sämtliche bekannten Öl-, Gas- und Kohlevorräte deutlich übertreffen.

Gashydrat kommt im Alltag nicht vor, es existiert nur bei Eiseskälte oder unter ho-
15 hem Druck. Selbst bei einem Druck von 50 Bar (rund 25-mal mehr als in einem Autoreifen) darf die Temperatur 5 Grad Celsius nicht übersteigen. Schmilzt ein Liter Gashydrat, dann schäumen 164 Liter Me-
20 thangas hinaus, zurück bleibt eine Pfütze aus 0,8 Liter Wasser. Diesen scheinbar so exotischen Stoff gibt es in gewaltigen Mengen.

Die Böden der Tiefsee sind durchweg kälter
25 als ein Kühlschrank, für starken Druck sorgt die hohe darüber stehende Wassersäule. Auch tiefgefrorene Dauerfrostböden in Sibirien, Alaska oder Kanada enthalten Gashydrat. Methan (CH_4) entsteht, wenn Bio-
30 masse luftdicht verrottet. Seit Jahrmillionen sinken Reste von Algen und kleinsten tierischen und pflanzlichen Lebewesen auf den Meeresgrund und verrotten in den Ablagerungen. Viel Methan (CH_4) plus Wasser
35 (H_2O) ergibt riesige Mengen von Gashydrat.

Quelle: H.Schuh, „Feuer aus dem Eis", in: DIE ZEIT, Nr. 30, 19.7.2001

Aussagen zu dieser Textpassage:

1. Experten sind der Ansicht, die Gashydrat-Vorkommen sind größer als andere bekannte Energievorkommen.
2. Wenn sich Gashydrat auf eine bestimmte Temperatur bei einem bestimmten Druck erwärmt, wird Methangas freigesetzt.
3. Auf den Ozeanböden lastet ein hoher Druck.
4. Die Zersetzung pflanzlicher und tierischer Stoffe führt zur Bildung von Methan.

Leseverstehen — **Training**

b) Wo gibt es im Text Entsprechungen zu diesen Aussagen? Markieren Sie die Stellen.

c) Listen Sie einige synonyme Ausdrücke aus dem Text zu den Schlüsselwörtern der Aussagen 1. – 4. auf.

Beispiel zu 1.:
Aussage: Experten
Text: Fachleute (*Zeile 10*)

Aussage Nr.	Text
Beispiel:	
1. Experten	*Fachleute*
1. Gashydrat-Vorkommen	
1. Energievorkommen	
2. erwärmt	
2: freigesetzt	
3. Ozeanböden	
3. auf … lastet ein hoher Druck	
4. die Zersetzung	
4. pflanzliche und tierische Stoffe	
4. führt zur Bildung von	

Bei dieser Prüfungsaufgabe ist es wichtig, dass Sie bedeutungsgleiche Aussagen identifizieren können. Darüber hinaus sind Sie auch gefordert zu unterscheiden, ob eine bestimmte Aussage in der Aufgabe im Widerspruch zu einer Aussage im Text steht oder ob im Text so eine Aussage gar nicht enthalten ist.

d) Prüfen Sie bei den folgenden Aussagen 1. – 5. jeweils, ob sie einer Aussage im Text auf S. 23 widersprechen (= „Nein") oder ob der Text nichts dazu sagt. Kreuzen Sie dementsprechend an.

	Aussage widerspricht Text: Nein	Keine Angabe: Text sagt dazu nichts
1. Forscher sind überzeugt, dass wir in Zukunft einen Teil des Energiebedarfs mit Methangas decken können.		X
2. Der Umfang der Gashydrat-Vorkommen ist bekannt.		
3. Die Bedingungen für das Vorkommen von Gashydrat sind weitgehend unerforscht.		
4. Gashydrat kommt nur im Boden der Tiefsee vor.		
5. Damit Methangas entsteht, muss die Biomasse gleiche Anteile an pflanzlichen und tierischen Stoffen aufweisen.		

e) Kontrollieren Sie nun noch einmal die Aussagen, die Ihrer Meinung nach dem Text widersprechen. Markieren Sie die Formulierung des Textes, die das Gegenteil oder etwas anderes ausdrückt.

Training — Leseverstehen

Ü12

Im Folgenden ist der übrige Text abgedruckt.

a) Lesen Sie den Text und die Aussagen 1. – 10.

b) Kreuzen Sie anschließend die Spalte an, auf die die jeweilige Aussage zutrifft.

Allerdings war es zunächst schwierig, das weiße, brennbare Eis im dunklen Schlamm am dunklen Meeresgrund zu finden. Seismologische Untersuchungen in den 70er-Jahren vor der Südostküste der USA ließen dort große Mengen Gashydrat vermuten. Dass tatsächlich Methanhydrat dort im Boden steckt, bewies dann 1980 eine Tiefseebohrung. Diese Bohrung förderte noch ein kleines Stückchen schäumendes Hydrat zutage – das meiste war auf dem Weg nach oben zerfallen.

Inzwischen lässt sich das brennende Eis leicht orten. Großflächige, aber keineswegs umfassende Untersuchungen des Ozeanbodens mit Schallwellen haben ergeben, dass vor allem an den Kontinentalrändern zur Tiefsee die Ablagerungen oft voll mit Gashydrat sind. Über diesen Lagern herrscht meist eine hohe biologische Produktivität, viele Tier- und Pflanzenreste sinken herab oder sie werden aus den Flusssedimenten angeschwemmt.

Das Kieler Zentrum für marine Geowissenschaften ist auf dem Gebiet der Gashydrat-Forschung führend. Die Kieler Forscher haben große Brocken Methanhydrat mit einem videogesteuerten Greifer aus knapp 800 Meter Tiefe geholt. Und sie konnten 1999 erstmals beobachten, wie vor der Küste des US-Bundesstaates Oregon kühlschrankgroße weiße Blöcke dieses seltsamen Eises auftauchten und schäumend auf den Wellen zerfielen. Der Kieler Forscher Erwin Suess sieht eine enorme Bedeutung der Hydrate als mögliche Energiequelle. Ihr Einfluss auf die Umwelt und den globalen Kohlenstoffkreislauf ist noch kaum bekannt. Bisher wird Methan aus Gashydraten nur in unbedeutenden Mengen und ausschließlich aus Dauerfrostböden gefördert. Weltweit werden Gashydratlager eifrig erforscht, vor allem die Japaner suchen nach Fördermöglichkeiten für diese neue Energie, die auch vor ihren Küsten lagert.

Der Ölpreis wird entscheiden, ob und wann solche Energievorkommen erschlossen werden. Aus Umweltgründen wäre es sinnvoll, Methan aus der Arktis als Energiequelle zu nutzen, statt es unkontrolliert entweichen und den Treibhauseffekt noch weiter verstärken zu lassen. Das Gas verbrennt sauberer als Öl oder Kohle. Das CH_4 enthält viel Wasserstoff (H) und vergleichsweise wenig Kohlenstoff (C). Es könnte den Übergang erleichtern in die solare Wasserstoffwirtschaft. Wie schnell jedoch der Wechsel gelingt, darüber entscheiden nicht Klimakonferenzen, sondern der Markt. Ein hoher Ölpreis könnte da beschleunigend wirken.

Quelle: Schuh, H. „Feuer aus dem Eis", in: DIE ZEIT Nr. 30 vom 19.7.2001

Leseverstehen _____ *Training*

	Ja	Nein	Text sagt dazu nichts
1. Schon bei den ersten Bohrungen wurden große Mengen Gashydrat gefördert.			
2. Heutzutage werden Gashydratvorkommen mit optischen Methoden aufgespürt.			
3. Gashydratvorkommen gibt es häufig dort, wo die Sockel der Kontinente zu den Ozeanböden hin abfallen.			
4. Kieler Wissenschaftler beschäftigten sich als erste mit der Erforschung von Gashydrat.			
5. Wissenschaftlern aus Kiel gelang es, große Stücke Gashydrat vom Ozeanboden hoch zu holen.			
6. Bei Erdbeben tauchen oft große Blöcke von Gashydrat an der Meeresoberfläche auf.			
7. Die Auswirkungen von Gashydrat auf die Umwelt sind bereits sehr genau analysiert worden.			
8. Methan aus Gashydrat wird bis jetzt nur in geringem Umfang auf dem Festland gewonnen.			
9. Ob sich Investitionen zur Nutzung von Methan lohnen, hängt davon ab, wie teuer Öl ist.			
10. Die Verbrennung von Methan erzeugt eine größere Hitze als die Verbrennung von Öl.			

Ü13

Überprüfen Sie Ihre Antworten.

a) Markieren Sie für die Aussagen, bei denen Sie „Ja" angekreuzt haben, die <u>bedeutungsgleichen</u> Ausdrücke im Text.

b) Notieren Sie für die Aussagen, bei denen Sie „Nein" angekreuzt haben, die Formulierungen im Text, die das <u>Gegenteil</u> ausdrücken.

Training — Leseverstehen

A₃ Anwendungsaufgabe

Lesetext 3: Aufgaben 21 – 30
Lesen Sie den Text und lösen Sie die Aufgaben.

Unternehmenskrisen – eine Typologie

Die „typische" Unternehmenskrise gibt es nicht. Krisen ereignen sich durch das Zusammenspiel mehrerer Krisenursachen. Dabei lassen sich unterschiedliche „explosive" Mischungen beobachten. Das ist das Ergebnis zweier Studien, die wir in den Achtziger- bzw. den Neunzigerjahren durchgeführt haben.(...)

In der ersten Studie untersuchten wir Großunternehmen und kamen zu folgenden Krisentypen:

Der erste Typ sind Unternehmungen „auf brechenden Stützpfeilern." Bei ihnen erleidet der Absatz einen plötzlichen Einbruch oder stagniert. Offenbar fällt es diesen Unternehmen schwer, sich mit dem Produktions- und Beschaffungsapparat auf diesen starken Absatzrückgang einzustellen. Die Unternehmensbereiche arbeiten planmäßig weiter, sind aber nicht mehr aufeinander abgestimmt. Es häufen sich Probleme der Produktion und der Personalwirtschaft. Sehr schnell tritt dann auch ein Mangel an Eigenkapital auf. Die Krise breitet sich schnell über die wichtigsten Unternehmensfunktionen aus.

Der zweite Typ sind technologisch gefährdete Unternehmen. Sie sind dadurch gekennzeichnet, dass der Produktionssektor, die Investitionstätigkeit sowie die Forschung und Entwicklung kritisch beurteilt werden.(...) Es handelt sich typischerweise um Unternehmen, die an einer bestimmten technologischen Verfahrens- oder Produktphilosophie festhalten und zu wenig in strategischen Dimensionen denken.

Der dritte Typ sind Unternehmen, die sich unvorbereitet vergrößern. Eine Vergrößerung durch den Zukauf von anderen Unternehmen wird zu schnell begonnen und falsch eingeschätzt. Es fehlt diesen Unternehmen an Kapital für das Wachstum. Die zugekauften Unternehmen lassen sich nicht in die gewachsene Organisation und das vorhandene Informationssystem eingliedern. Der angeblich günstige Kauf erweist sich nicht selten als ein Unternehmen in einer deutlichen Krise, deren finanzielle Folgen nicht absehbar sind.

Der vierte Typ ist durch konservative, starrsinnige und uninformierte Unternehmensführer an der Spitze gekennzeichnet. Geblendet durch Erfolge in der Vergangenheit neigen diese Menschen zur Selbstüberschätzung, zu sehr persönlichen, intuitiven, sprunghaften – aber eben falschen Entscheidungen. Die Fehlleistungen liegen insbesondere im Absatzsektor.

Die Restgruppe zeigt kein einheitliches Muster.

In den Neunzigerjahren führten wir eine zweite Studie durch. Dabei konzentrierten wir uns auf mittelständische Unternehmen, also auf Untenehmen mit ca. 50 – 500 Mitarbeitern. Wir hofften, weitere Krisenursachen und Krisenkombinationen zu finden, die in größeren Unternehmen eher verdeckt sind. (...) Die Ergebnisse zeigen ein teilweise identisches, teilweise unterschiedliches Bild im Vergleich zu unserer ersten Untersuchung. In zwei Typen finden wir sehr ähnliche Kombinationen von Krisenursachen:

- Der erste Typ ist wiederum das Unternehmen auf „brechenden Stützpfeilern".
- Auch in den Fällen der „konservativen, uninformierten Unternehmensführer" finden wir weitgehende Parallelen zu unserer ersten Untersuchung. In den mittelständischen Unternehmen beharren die geschäftsführenden Unternehmer starrsinnig auf ihrer Unabhängigkeit. Sie sind außerdem offenbar nur schwer dazu zu bewegen, ihre Nachfolge zu regeln.

Zwei weitere Typen zeigen charakteristische Schwächen mittelständischer Unternehmen:

- Das „abhängige Unternehmen" ist durch eine zu starke Bindung an einen Lieferanten oder Abnehmer gekennzeichnet. Es gerät in eine schwere Krise, wenn diese Beziehung durch massive Einflussnahme des Geschäftspartners gestört oder unerwartet abgebrochen wird.
- Der vierte Typ ist das „Unternehmen mit unkorrekten Mitarbeitern". Das Spektrum der Verhaltensweisen, die Krisen auslösen, reicht von Kompetenzüberschreitungen und geschäftsschädigendem Verhalten über Spekulation bis hin zum Betrug. Diese Krise wird verstärkt, wenn das Management unzureichend qualifiziert ist und wenn das Planungs- und Kontrollsystem Mängel aufweist.

Die Restgruppe zeigt kein einheitliches Muster.

Halten wir für den gegenwärtigen Zeitpunkt Folgendes fest: Es ist falsch, von „der" Unternehmenskrise schlechthin zu sprechen. Richtig ist es vielmehr, von unterschiedlichen Typen von Unternehmenskrisen auszugehen. Diese Typen sind dadurch gekennzeichnet,
- dass stets mehrere Krisenursachen miteinander verknüpft sind
- dass es unterschiedliche Mischungen von Krisenursachen gibt.

Für die Krisendiagnose und das Krisenmanagement hat diese typologische Betrachtung eine wichtige Konsequenz: Man kann nicht mehr davon ausgehen, dass Unternehmenskrisen mit einer einzigen Methode, z.B. durch Bilanzanalysen, bestimmt werden können. Man muss zudem davon ausgehen, dass unterschiedliche Krisentypen auch ein jeweils spezifisches Krisenmanagement verlangen.

Quelle: (leicht bearbeitet): Jürgen Hauschildt, Unternehmenskrisen – eine Typologie, in: Forschung und Lehre 2/2002, S. 71–73, Verlag Forschung & Lehre, Bonn

Leseverstehen — Training

Lesetext 3: Aufgaben 21 – 30
Markieren Sie die richtige Antwort.

	Ja	Nein	Text sagt dazu nichts
(01) Unternehmenskrisen sind in der Regel nicht auf eine einzige Ursache zurückzuführen.	X		
(02) Gegenstand der ersten Untersuchung waren Großunternehmen aus Nordrhein-Westfalen.			X
(21) Beim Krisentyp I gelingt es einem Unternehmen nicht, angemessen auf dramatisch gesunkene Verkaufszahlen zu reagieren.			
(22) Krisentyp II zeichnet sich u.a. dadurch aus, dass Unternehmen zu viel in Forschung und Entwicklung investieren.			
(23) Bei Krisentyp III wird die Krise durch die Übernahme branchenfremder Unternehmen ausgelöst.			
(24) Auch die Persönlichkeit des Geschäftsführers kann zur Auslösung einer Krise beitragen.			
(25) Ziel der zweiten Studie war, Veränderungen der Krisenursachen in den Neunzigerjahren zu untersuchen.			
(26) Für mittelständische Unternehmen lassen sich ganz andere Krisentypen feststellen als für Großunternehmen.			
(27) Mittelständische Unternehmen können u.a. wegen Konzentration auf nur einen Geschäftspartner in eine Krise geraten.			
(28) Mangel an qualifiziertem Personal kann zu einer Krise in einem mittelständischen Unternehmen führen.			
(29) Allen Krisentypen ist gemeinsam, dass sich stets eine Reihe von krisenauslösenden Faktoren identifizieren lassen.			
(30) Die Wissenschaftler planen, auf der Basis ihrer Ergebnisse verschiedene Formen von Krisenmanagement zu entwickeln.			

Modelltest zum Prüfungsteil „Leseverstehen"

1. Bearbeiten Sie den Modelltest „Leseverstehen" auf S. 28. Arbeiten Sie unter Prüfungsbedingungen. Das bedeutet, dass Sie kein Wörterbuch benutzen und die Texte innerhalb von 50 Minuten bearbeiten sollten.

2. Übertragen Sie anschließend die Antworten auf das Antwortblatt. Nehmen Sie sich dafür 10 Minuten Zeit.

3. Überprüfen Sie dann Ihre Antworten anhand der Lösungen im Lösungsteil.

Modelltest — Leseverstehen

Lesetext 1: Aufgaben 1 – 10

Sie suchen Hilfe und Informationen für einige Bekannte, die im kommenden Semester mit dem Studium beginnen.

Schreiben Sie den Buchstaben für die passende Information in das Kästchen rechts. Jede Information kann nur einmal gewählt werden. Es gibt nicht für jede Person eine geeignete Information. Gibt es für eine Person keine passende Information, dann schreiben Sie den Buchstaben I. Die Information im Beispiel kann nicht mehr gewählt werden.

Sie suchen Hilfe bzw. Informationen für ...

(01) eine Freundin, die wissen will, wie man sich Lehrbücher ausleiht. — **B**

(02) einen Geografiestudenten, der an einem Auslandssemester interessiert ist. — **I**

1. einen Bekannten, der noch keine Erfahrung mit modernen Kommunikationsmedien hat.

2. eine Chemiestudentin, die Zugang zu der Bibliothek des Instituts für Chemie haben möchte.

3. einen Studienanfänger, der wissen möchte, wo sich die Universitätsbibliothek befindet.

4. Erstsemester, die sich über Freizeitaktivitäten an der Hochschule informieren möchten.

5. einen Bekannten, der Hilfe bei der Planung seines ersten Semesters braucht.

6. eine Studienanfängerin im Fach Geografie, die sich für ein Seminar anmelden will.

7. einen Freund, der eine Stelle als Hilfskraft im Rechenzentrum der Universität sucht.

8. einen Bekannten, der lernen will, wie man Seminararbeiten verfasst.

9. eine Kommilitonin, die günstig Fachliteratur kaufen möchte.

10. eine Kommilitonin, die ihr Studium mit Blick auf eine zukünftige Arbeitsstelle plant.

Lesetext 1: Aufgaben 1 – 10
Orientierung für Erstsemester vor Studienbeginn

A
Campus-Führungen

Die Institutionen der Universität zu Köln und der Philosophischen Fakultät verteilen sich über einen ganzen Stadtteil. Ortserfahrene ältere Studierende führen Sie gezielt zu den wichtigsten Stellen: Hauptgebäude, Mensa (Essen, Serviceeinrichtungen), Studentenhaus, Rechenzentrum (Computerpools, Beratungsraum), Unibibliothek (Benutzerausweis) und Hörsaalgebäude.
Di. 2.10. oder Do. 4.10. jeweils 12 Uhr; Treffpunkt am Infostand im Philosophikum.

B
Einführung in die Benutzung der Universitäts- und Stadtbibliothek

Die Benutzung dieser Bibliothek ist für jeden Studierenden wichtig. Es ist daher sinnvoll, sich früh genug mit den Angeboten und den Möglichkeiten (Recherchemöglichkeiten, Fernleihe, Lehrbuchsammlung) dieser Bibliothek vertraut zu machen. Zwei Führungstermine durch die Bibliothek werden angeboten.
Di. 2.10. oder Di. 9.10., jeweils um 10 Uhr, Treffpunkt im Foyer der Universitätsbibliothek.

C
Seminarkarten für die Benutzung der Institutsbibliotheken

Jedes Institut hat eine Institutsbibliothek mit fachbezogener Literatur. Um sie benutzen zu können, brauchen Studenten eine so genannte Seminarkarte. Die Seminarkarten werden zu Semesterbeginn in den Instituten ausgegeben. Bitte bringen Sie Ihren Studentenausweis mit, wenn Sie Ihre Seminarkarte abholen.
Seminarkarten: ab 1.10. in den Institutsbüros.

D
Studium und Berufsperspektiven

Immer noch haben Akademiker die besseren Berufschancen auf dem Arbeitsmarkt. Trotzdem ist der Berufseinstieg auch für Akademiker zunehmend schwierig. Hier sollen Sie erfahren, wie Sie sich schon während Ihres Studiums, das Ihnen zunächst nur Schlüsselqualifikationen für die spätere Berufstätigkeit vermittelt, gezielt auf einen Berufseinstieg vorbereiten können.
Berufsperspektiven: Do. 4.10., 14 – 15.30 Uhr in Raum H 80.

E
Einführung in die Benutzung des Internets

Im akademischen Bereich ist der Umgang mit dem Internet zur Selbstverständlichkeit geworden. In den Kursen wird in den Umgang mit diesem neuen Medium eingeführt. Die Teilnehmerzahl in diesen Kursen ist beschränkt. Bitte melden Sie sich am UNI-Kompass-Infostand an.
Kurse: Di. 2.10. – Do. 4.10., Di. 10.4. – Do. 12.4., jeweils 10 – 14 Uhr.

F
Orientierungsveranstaltung zum wissenschaftlichen Schreiben

In dieser Veranstaltung werden einige Techniken des wissenschaftlichen Schreibens anhand konkreter Themen vorgestellt. Das Ziel der Veranstaltung ist es, einen Einblick in die Tätigkeit des wissenschaftlichen Arbeitens zu geben. Eine Anmeldung zu diesem Kurs am UNI-Kompass-Infostand ist unbedingt erforderlich.
Kurse: 2. – 5.10. und 9. – 12.10., jeweils Di., Do., Fr. 9 – 13 Uhr.

G
Begrüßungsveranstaltungen

Neben der obligatorischen Studienberatung bieten einige Institute zentrale Begrüßungsveranstaltungen (auch Semestervorbesprechungen oder Semestereröffnung genannt) an, bei denen die Dozentinnen und Dozenten und das Institut vorgestellt und die Erstsemester zum Semesterbeginn begrüßt werden. Der Besuch der Begrüßungsveranstaltung wird dringend empfohlen. Im Fach Geografie ist sie obligatorisch, da hier die Seminarplätze vergeben werden.
Termine am Schwarzen Brett im Philosophikum.

H
Fachschaftsberatung

In den Fachschaften engagieren sich Studentinnen und Studenten ehrenamtlich für studentische Interessen. Sie bieten zu Beginn eines jeden Semesters Einführungen für die neuen Studenten an. Die Fachschaftsstudenten kennen die Fachbereiche und den Institutsbetrieb besonders gut und geben Ihnen Tipps und Orientierungshilfen (z.B. bei der Erstellung des Stundenplans).
Di. 9.10. – Do. 11.10. jeweils 11 –13 Uhr.

nach: Orientierungen, UNI Kompass, Philosophische Fakultät der Universität zu Köln, 2002

Lesetext 2: Aufgaben 11 – 20

Lesen Sie den Text und lösen Sie die Aufgaben.

Moderation im Hörfunk – Die Stimme in ihrer Wirkung auf das Publikum

Die Stimme des Moderators im Radio hat einen sehr starken Einfluss auf die Beurteilung der Gesamt-Moderation durch die Hörer. Außerdem wird von den stimmlichen Eigenschaften auch auf nicht-stimmliche Aspekte der Moderation und der Person des Moderators geschlossen. Deshalb sollten Radio-„Macher", die im Konkurrenzkampf der Medien bestehen wollen, ihre Moderatoren sehr sorgfältig auswählen. Da für die Hörer die Radiomoderatoren der Dreh- und Angelpunkt des Programms sind, wirkt sich die Einschätzung dieser zentralen Radiogestalten auch auf die Programm- und die Sender-Ebene aus. Zu diesem Ergebnis kommt Resi Heitwerth in einer Studie, die sie am Forschungsinstitut für Soziologie erstellt hat.

Verschiedene Befragungen zeigen deutlich, dass für Radiohörer Moderation sehr wichtig ist. Das belegen auch Experimente, die mit Hörfunkprogrammen gemacht wurden. Pay-Radio, das ganz ohne Moderation und Wort auskommen wollte, ist in Deutschland nach nur zweijähriger Ausstrahlung eingestellt worden. Radio ohne menschliche Stimme findet kein Gehör. Allein über Musik wird der Hörer nicht angesprochen.

SIE BAUEN BRÜCKEN

Auf Sender- und Sendungsebene erfüllen Moderatoren verschiedene Funktionen: Sie bauen – so die Kölner Sozialwissenschaftlerin – die verbalen Brücken zwischen den einzelnen Elementen des Programms, sie präsentieren das Programm und repräsentieren den Sender nach außen. Daneben haben sie die Aufgabe, dem Programm ein menschliches Gesicht zu geben. Moderatoren werden somit zu Identifikationsfiguren für die Hörer und können emotionale Bindungen zu den Rezipienten aufbauen.

Die Bedeutung dieser Hörerbindung nimmt angesichts der expandierenden Medienlandschaft für die einzelnen Sender zu. Für die Programme wird es immer schwieriger, sich voneinander abzugrenzen. Moderation ist eine Möglichkeit, ein eigenständiges Senderprofil aufzubauen. Einmal gewonnene Hörer schalten dann aus Gewohnheit immer wieder das Programm an, das ihnen am besten gefällt. Verschiedene Hörertypen machen die Beurteilung des Programms in einem starken Maße von der Bewertung der Moderation abhängig.

Die Akzeptanz der Hörfunk-Moderatoren hängt in einem nicht zu unterschätzenden Maße von der Beliebtheit der Stimme ab. Sie ist das erste, was der Hörer von der Person im Radio wahrnimmt. Der erste Eindruck der Stimme wiederum wird von der Stimmhöhe dominiert. Die Auswertung der Hörerbefragung macht deutlich, dass Menschen sehr viel Wert auf eine angenehme Stimmhöhe der Moderatoren legen.

TIEFE STIMMEN SIND RAUMFÜLLEND

Diese Stimmeigenschaft weckt Assoziationen über die Persönlichkeit des Sprechers und gilt als Indikator für seine Fähigkeiten. Aus der Stimmhöhe wird vor allem auf die Kompetenz und die menschliche Anmutung geschlossen. Stimme und Sprecher werden als Einheit wahrgenommen. Je nach Stimmhöhe werden Aussehen und Kompetenz der Sprecher völlig unterschiedlich eingeschätzt. Eine hohe Stimme wird mit kindlichem Äußeren und geringer Kompetenz des Moderators in Verbindung gebracht, während eine tiefe Stimme burschikoses Auftreten vermuten lässt und mit Kompetenz und Glaubwürdigkeit assoziiert wird. Eine Begründung für das bessere Gefallen der tieferen Stimme ergibt sich aus der Bedeutung von hohen und tiefen Tönen im Alltag. In der Regel werden hohe Töne als Alarmsignale und Sirenen benutzt. Krankenwagen und Feueralarm erschallen in schrillen Tönen und lösen beim Empfänger Unruhe und Hektik aus. Tiefe Stimmen sind dagegen raumfüllend und haben einen beruhigenden, besänftigenden Effekt.

Aus: Kölner Universitäts-Journal, 2/2001, S. 46/47, Köln

Leseverstehen _____ *Modelltest*

Lesetext 2: Aufgaben 11 – 20

Markieren Sie die richtige Antwort.

(0) **Warum sollten Rundfunksender bei der Wahl ihrer Moderatoren sorgfältig vorgehen?**
A Weil Hörer eine Sendung vor allem aufgrund der Moderatorenstimme bewerten.
B Weil eine starke Konkurrenz unter den Moderatoren existiert.
C Weil nicht jede Person gleichermaßen als Moderator geeignet ist.

Lösung: A

(11) **Zu welchem Ergebnis kommt die Studie von Resi Heitwerth?**
A Hörer schätzen vor allem Sendungen über bedeutende Persönlichkeiten.
B Hörer wählen einen Sender vorwiegend wegen seiner Moderatoren.
C Hörer wünschen sich im Allgemeinen mehr Einfluss auf das Programm.

(12) **Warum wurde das Pay-Radio in Deutschland nicht fortgeführt?**
A Die Hörer vermissten Moderatoren bei den Sendungen.
B Die Musikprogramme gefielen den Hörern nicht.
C Es war nur eine zweijährige Laufzeit vorgesehen.

(13) **Was gehört u.a. zu den Aufgaben eines Moderators?**
A Auch außerhalb der Sendezeit für den Sender zu werben.
B Das Programm eines Radiosenders zusammenzustellen.
C Die Teile einer Sendung durch Wortbeiträge zu verknüpfen.

(14) **Welche Funktion haben Moderatoren in Bezug auf die Hörer?**
A Sie sollen den Hörer emotional ansprechen.
B Sie sollen Programmwünsche entgegennehmen.
C Sie sollen Vorbild für die Hörer sein.

(15) **Warum wird die Hörerbindung für die einzelnen Sender zunehmend wichtiger?**
A Weil die Zahl der Rundfunksender ständig zunimmt.
B Weil die Programme sehr unterschiedlich sind.
C Weil die Zahl der Rundfunkhörer stetig zurückgeht.

(16) **Welche Bedeutung hat Moderation für einen Radiosender?**
A Moderation bewirkt, dass Leute länger Radio hören.
B Moderation ist auf bestimmte Hörergruppen ausgerichtet.
C Moderation prägt das Erscheinungsbild eines Senders.

(17) **Wovon hängt es ab, ob den Hörern eine Stimme gefällt?**
A Von der Bekanntheit der Stimme.
B Von der Persönlichkeit des Moderators.
C Von der Stimmlage des Moderators.

(18) **Was leiten Hörer u.a. aus der Stimmqualität ab?**
A Das Alter des Moderators.
B Die Gefühle des Moderators.
C Sein fachliches Können.

(19) **Welche Vorstellungen verbinden sich mit einer hohen Stimmlage?**
A Feminines Aussehen.
B Jugendliches Auftreten.
C Mangelnde Professionalität.

(20) **Was ist der Grund dafür, dass tiefe Stimmen mehr geschätzt werden als hohe?**
A Hohe Stimmen kommen im Alltag seltener vor als tiefe Stimmen.
B Im Alltag werden hohe Frequenzen zur Gefahrenmeldung eingesetzt.
C Mit einer hohen Stimme wird eine nervöse Person assoziiert.

Lesetext 3: Aufgaben 21 – 30

Lesen Sie den Text und lösen Sie die Aufgaben.

Arzneimittelsicherheit: Der lange Weg zum Medikament

Neue Medikamente sollen wirksam, sicher und von hoher Qualität sein. Um das zu gewährleisten, haben sie einen langen Weg zurückzulegen, ehe sie auf den Markt kommen. Großes Augenmerk gilt dabei der Arzneimittelsicherheit. Durchschnittlich elf Jahre braucht ein neues Medikament von den ersten Syntheseschritten möglicher Wirkstoffe bis zur Marktzulassung. Zum Vergleich: In den 70er-Jahren lag dieser zeitliche Aufwand bei sechs bis acht Jahren. Noch drastischer sind seither die Kosten für Forschung und Entwicklung (F&E) in die Höhe geschnellt: von durchschnittlich 50 Millionen auf 500 Millionen US-Dollar pro neues Arzneimittel. (...)

Wirksamkeit, Sicherheit und Produktqualität – das sind die drei Anforderungen an ein Produkt, die solche hohe Kosten verursachen. „Um alle Ansprüche zu erfüllen und eine Zulassung durch die nationalen Behörden zu erreichen, durchlaufen neue Wirkstoff-Kandidaten ein aufwändiges Verfahren", erläutert Dr. Ernst Weidemann, bei Bayer Leiter von Global Drug Safety.

Einen ersten Überblick über Wirksamkeit, Dosierung, Verträglichkeit sowie Abbaubarkeit und Verteilung im Organismus geben die gesetzlich vorgeschriebenen Tierversuche (präklinische Studien). Es folgen die klinischen Studien der Phasen I bis III. Allein diese Erprobung an freiwilligen gesunden Probanden (Phase I) und Patienten (II + III) dauert durchschnittlich sechs Jahre. Die klinische Entwicklung findet gemäß internationaler Richtlinien und Gesetze statt; daneben prüfen Ethik-Kommissionen vorher jede einzelne Studie. (...)

Im Schnitt erreichen von 50 möglichen Wirkstoffen acht bis fünfzehn die klinischen Studien der Phase I. In dieser überprüft man an bis zu hundert Testpersonen die grundsätzliche Verträglichkeit eines Mittels sowie dessen Verteilung und Abbau im Körper, da die Ergebnisse aus den vorangegangenen Tierversuchen nicht einfach auf den Menschen übertragbar sind.

Wenn sich ein Wirkstoff in der Phase I als geeignet erweist und keine gravierenden unerwünschten Nebenwirkungen zeigt, schafft er den Sprung in die Phase II. Das gelingt etwa der Hälfte aller getesteten Mittel.
Phase II soll erste Hinweise zu Wirkung, etwaigen Nebenwirkungen und geeigneter Dosierung geben. Getestet werden etwa 200 bis 400 Patienten.
Phase III schließlich verfeinert diese Informationen im Behandlungs-Test an mehreren Tausend Patienten. Hier geht es vor allem um den Nachweis der Wirksamkeit und Verträglichkeit und daher auch um das Auftreten unerwünschter Nebenwirkungen, (...) Diese können je nach Art und Grad zum Abbruch der klinischen Studien führen. „Ob man eine Nebenwirkung für vertretbar hält, hängt dabei auch vom Grad des Nutzens ab, also etwa davon, ob man ein Husten- oder ein Krebsmedikament entwickelt", so Weidmann. Mögliche Nebenwirkungen werden in den späteren Beipackzettel aufgenommen.

Am Ende der klinischen Studien wird – bei den jeweils zuständigen Behörden – die Zulassung beantragt. Im Schnitt schafft es unter 5.000 möglichen Wirkstoffmolekülen, die am Anfang einer Entwicklung potenziell in Frage kommen, gerade eines zum Bestandteil eines marktfähigen Arzneimittels – nach Schätzungen der Association of the British Pharmaceutical Industry von 1999.

Die klinischen Studien sollen auch mögliche Wechselwirkungen mit anderen Medikamenten ermitteln. Das ist schwierig, denn allein in Deutschland gibt es rund 45.000 zugelassene Medikamente. Das bedeutet, dass die Anzahl der Kombinationen nahezu unendlich ist. Sie an Probanden zu testen, ginge nur in der Theorie. (...)
Stattdessen untersucht man, ob der Stoffwechselweg des neuen Wirkstoffs durch andere Präparate behindert werden könnte. Hier genügt eine Auswahl der Substanzen, von denen man weiß, dass sie die relevanten Stoffwechselenzyme hemmen. Daneben entscheidet das durchschnittliche Krankheitsprofil der Zielgruppe, die man mit dem neuen Mittel behandeln möchte, ob man mögliche Wechselwirkungen testet. Bei einem Asthmamittel etwa würde man schauen, welche Medikamente ein Asthmakranker typischerweise noch einnimmt, und dann die Wechselwirkungen mit diesen Medikamenten untersuchen.

Auch die ersten Jahre nach der Markteinführung sind für die Arzneimittelsicherheit wichtig. Nun wird das Medikament von Tausenden, vielleicht von Millionen von Menschen angewendet. Erst jetzt zeigen sich auch solche Nebenwirkungen, die so selten sind, dass sie in den Tests der klinischen Phase III nicht aufgetreten sind. Informationen über das Auftreten dieser Nebenwirkungen werden von Ärzten und Apothekern an den Hersteller weitergeleitet, der entsprechende Hinweise in die Beipackzettel aufnimmt.
Bei allem Restrisiko, das bei der Einnahme von Medikamenten bleibt: Der Schaden durch Nichtbehandlung ist oft viel höher als der durch unerwünschte Nebenwirkungen.

Quelle: (bearbeitet und gekürzt) Bayer research 13, November 2001, S.15–17, Bayer AG, Leverkusen

Leseverstehen — **Modelltest**

Lesetext 3: Aufgaben 21 – 30

Markieren Sie die richtige Antwort.

	Ja	Nein	Text sagt dazu nichts
(01) Bis ein neues Medikament im Handel erhältlich ist, dauert es im Schnitt 11 Jahre.	X		
(02) Immer mehr Forscher sind an der Entwicklung neuer Medikamente beteiligt.			X
21 Das Verfahren für die Zulassung neuer Medikamente ist verbessert worden.			
22 Neue Wirkstoffe müssen zuerst an Tieren getestet werden.			
23 An klinischen Studien nehmen in allen Phasen gesunde und kranke Testpersonen teil.			
24 Ziel der Phase I ist es, mögliche Wechselwirkungen mit anderen Medikamenten festzustellen.			
25 Ungefähr 50 % der getesteten Wirkstoffe scheiden nach der ersten Phase aus.			
26 Immer wenn ein Medikament Nebenwirkungen verursacht, werden die Studien abgebrochen.			
27 Es ist unmöglich, während der klinischen Studien alle Wechselwirkungen mit anderen Medikamenten festzustellen.			
28 Nur bei Medikamenten zur Behandlung schwerer Krankheiten werden Wechselwirkungen getestet.			
29 Nach der Markteinführung erhält der Hersteller auch von Patienten Informationen über Nebenwirkungen.			
30 Wegen des Risikos von bleibenden Schäden werden bestimmte Medikamente sehr selten verschrieben.			

Training — Hörverstehen

1 Einführung in den Prüfungsteil „Hörverstehen"

Für Ihren Studienaufenthalt in Deutschland ist es wichtig, dass Sie gesprochene Sprache verstehen. Im studentischen Alltag tauschen Sie sich mit Kommilitonen und Lehrpersonen aus, in Seminaren müssen Sie Referaten und Diskussionen folgen. Sie sollen Vorlesungen ausreichend gut verstehen und dazu Mitschriften erstellen.

Der Prüfungsteil „Hörverstehen" überprüft deshalb, ob Sie unterschiedliche gesprochene Texte ausreichend gut verstehen. Dazu werden Ihnen drei Hörtexte präsentiert, zu denen Sie jeweils Aufgaben lösen sollen. Im ersten Teil hören Sie einen Alltagsdialog, z.B. zwischen zwei Studentinnen. In Teil 2 hören Sie ein Radiointerview oder eine Gesprächsrunde. Der dritte Hörtext ist in der Regel ein Kurzvortrag zu einem wissenschaftlichen Thema. Die Texte und Aufgaben sind unterschiedlich schwierig und nach ansteigendem Schwierigkeitsgrad angeordnet.
Der Prüfungsteil „Hörverstehen" dauert insgesamt 30 Minuten.

Der Prüfungsteil „Hörverstehen" ist folgendermaßen aufgebaut:

	Hörverstehen 1	Hörverstehen 2	Hörverstehen 3
Textvorlage	Gespräch	Radiointerview, Gesprächsrunde	Vortrag
Sprecher	Studenten, Dozenten, Universitätsangestellte	Studenten, Dozenten, Radio-Moderatoren	Wissenschaftler, Hochschullehrer
Dauer des Textes	2 – 3 Minuten	3 – 4 Minuten	4 – 5 Minuten

Ü1

In den Prüfungsunterlagen für das „Hörverstehen" finden Sie auf der Seite 3 die Anleitung.

a) Lesen und hören Sie die kurze „Anleitung zum Hörverstehen".

> **Anleitung zum Hörverstehen**
>
> Sie hören insgesamt drei Texte.
> Die Texte 1 und 2 hören Sie einmal, den Text 3 hören Sie zweimal.
> Schreiben Sie die Lösungen zunächst hinter die Aufgaben.
> Am Ende des Prüfungsteils „Hörverstehen" haben Sie zehn Minuten Zeit, um Ihre Lösungen auf das Antwortblatt zu übertragen.

b) Machen Sie sich einen Merkzettel zum Prüfungsteil „Hörverstehen" und ergänzen Sie die Stichworte.

```
So oft höre ich Text 1: ................    Text 2: ................    Text 3: ................

Die Lösungen schreibe ich
während des Hörens ........................................................ ,
am Ende des Prüfungsteils „Hörverstehen" ........................................................ .

So viel Zeit habe ich am Ende des Prüfungsteils „Hörverstehen" für die Übertragung: ................
```

Hörverstehen _____ **Training**

Alle Aufgaben des Prüfungsteils „Hörverstehen" sind nach dem gleichen Prinzip aufgebaut und bestehen aus den folgenden Komponenten:

1. Nummer(n) des Hörtextes und der Einzelaufgaben
2. Sprechsituation
3. Angabe, wie oft Sie den Text hören
4. Arbeitsanweisungen
5. Überschrift / Hauptthema des Hörtextes
6. Beispielaufgabe mit Lösung
7. Einzelaufgaben.

Im Folgenden finden Sie ein Beispiel für eine Aufgabenstellung.

1
2
3
4

> **Hörtext 1: Aufgaben 1 – 8**
>
> Sie hören ein Gespräch im Hochschulbüro des Arbeitsamtes.
> Sie hören diesen Text **einmal**.
> Lesen Sie jetzt die Aufgaben 1 – 8.
> Hören Sie nun den Text. Schreiben Sie beim Hören die Antworten auf die Fragen 1 – 8.
> Notieren Sie Stichwörter.

5

Im Hochschulbüro des Arbeitsamtes

6

(0) Für wann sucht der Student Arbeit?   (0) _Für die Semesterferien_

7

1 Was für eine Art von Arbeit sucht er?   1 _____

2 Wieso ist er für den Job im Hotel
   nicht geeignet?   2 _____

3 Was für eine Arbeit bietet
   die Sprachschule an?   3 _____

4 Wie sind dort die Arbeitszeiten?   4 _____

5 Was für Personal sucht
   die Messegesellschaft?   5 _____

6 Was muss man bei diesem Job tun?
   (1 Beispiel)   6 _____

7 Wie hoch ist der Verdienst bei der Messe? 7 _____

8 Warum sollte sich der Student bald für
   oder gegen die Messe entscheiden?   8 _____

Lesen Sie auf der folgenden Seite die Erläuterungen zu den Komponenten **1** bis **7** dieser Beispielaufgabe.

Training _____ Hörverstehen

1 Nummer(n) des Hörtextes und der Einzelaufgaben
Zu Hörtext 1 sind die Aufgaben 1 – 8 zu lösen; zu Hörtext 2 die Aufgaben 9 – 18 und zu Hörtext 3 die Aufgaben 19 – 25.

2 Sprechsituation
Jeder Hörtext wird durch eine kurze Situationsbeschreibung eingeleitet. Hier finden Sie Angaben zum Ort (z.B. Universitätsbibliothek) oder zu den Gesprächsteilnehmern (z.B. zwei Studenten) und gegebenenfalls zum Thema.

3 Angabe, wie oft Sie den Text hören
Die Hörtexte 1 und 2 werden Ihnen einmal, der Hörtext 3 wird Ihnen zweimal vorgespielt.

4 Arbeitsanweisungen
Zu den Hörtexten gibt es stets drei bis vier Anweisungen. Zuerst werden Sie aufgefordert, die Aufgaben zu lesen. Beim Hörtext 1 haben Sie dazu 45 Sekunden Zeit, bei den Hörtexten 2 und 3 jeweils 1 Minute und 25 Sekunden. 5 Sekunden vor dem Ende der „Lesezeit" ertönt ein kurzer Signalton, der Sie darauf hinweist, dass Sie nun den Text hören.
In der zweiten Anweisung werden Sie aufgefordert, den Text zu hören. Die dritte und die vierte Anweisung enthält den konkreten Arbeitsauftrag.

5 Überschrift / Hauptthema
des Hörtextes.

6 Beispielaufgabe mit Lösung
Die Aufgabenstellungen zu den einzelnen Hörtexten werden jeweils durch ein Beispiel erläutert. Diese Beispiele haben in allen Aufgaben die Nummer (0).

7 Einzelaufgaben
Auf das Beispiel folgen die einzelnen Aufgaben zu jedem Hörtext.

Ü3

Hören Sie nun das Beispiel für die Aufgabenstellung auf der CD.

Hörverstehen — *Training*

Hinweise: Zur Arbeit mit diesem Trainingsmaterial

Sie haben nun ein Musterbeispiel und eine Musterlösung für eine Aufgabe des Prüfungsteils „Hörverstehen" kennen gelernt. Im Folgenden werden Sie Schritt für Schritt auf diesen Prüfungsteil vorbereitet.

1. Zunächst wird für jede Aufgabe (d.h. für jeden Hörtext) beschrieben, was von Ihnen verlangt wird.
2. Danach folgen eine oder zwei Übungen. Anhand der Übungen sollen Ihnen Möglichkeiten aufgezeigt werden, wie Sie mit den spezifischen Anforderungen der jeweiligen Aufgabe umgehen können. Die Hörtexte zu den Übungen finden Sie auf der CD 1.
3. Darauf folgt eine Anwendungsaufgabe, die in Aufbau und Anforderungen den Aufgaben in der TestDaF-Prüfung entspricht. Alle Anwendungsaufgaben finden Sie auch auf der CD.

Hinweise: Zum Prüfungsteil „Hörverstehen"

- Vor dem Hören
  Man kann einen neuen, unbekannten Text in der Regel besser verstehen, wenn man schon etwas über die dort angesprochenen Inhalte weiß, d.h. wenn man das Neue mit Bekanntem verknüpfen kann. Darum ist es wichtig, dass Sie vor jedem Text des Prüfungsteils „Hörverstehen" versuchen,
  – Ihre Vorkenntnisse zu aktivieren und
  – Vermutungen über den möglichen Inhalt des Textes anzustellen.
  Hinweise über mögliche Inhalte finden Sie in der Situationsbeschreibung, in der Überschrift und in den einzelnen Aufgaben.

- Während des Hörens
  Während Sie den Text hören, sollten Sie die Fragen / Aufgaben auf dem Aufgabenblatt lösen bzw. sich einige Notizen auf einem Blatt Papier machen.
  Die Aufgaben sind chronologisch angeordnet, d.h. sie folgen dem Verlauf des jeweiligen Textes. Das bedeutet, dass Sie während des Hörens von Frage zu Frage bzw. von Aussage zu Aussage fortschreiten und Ihre Konzentration entsprechend lenken können.

- Nach dem Hören
  Nach jedem Hörtext haben Sie mindestens dreißig Sekunden Zeit, Ihre Antworten noch einmal zu überprüfen. Nutzen Sie diese Zeit und ergänzen Sie Ihre Antworten, sofern dies nötig sein sollte.

- Am Ende des Prüfungsteils „Hörverstehen"
  Nachdem alle Hörtexte präsentiert worden sind, haben Sie zehn Minuten Zeit, um Ihre Antworten auf das Antwortblatt zum Prüfungsteil „Hörverstehen" zu übertragen. Bei der Korrektur des Prüfungsteils „Hörverstehen" werden nur die Antwortblätter berücksichtigt, und diese Antwortblätter werden teilweise maschinell ausgewertet. Deshalb ist es wichtig, dass Sie beim Ausfüllen sehr sorgfältig vorgehen. Achten Sie insbesondere darauf,
  - dass Sie jede Antwort in das dafür vorgesehene Kästchen übertragen.
  - dass Sie Ihre Antworten genau in der bei TestDaF vorgeschriebenen Weise markieren.

Training — Hörverstehen

2 Prüfungsteil Hörverstehen: Hörtext 1

Im ersten Teil des Prüfungsteils „Hörverstehen" hören Sie einen Dialog aus dem Hochschulalltag. Die Gesprächspartner sind in der Regel eine Studentin / ein Student und eine Person, die in einer universitären Einrichtung arbeitet, also beispielsweise ein Bibliothekar oder ein Angestellter / eine Angestellte des Rechenzentrums etc.
Zu diesem Hörtext sollen Sie acht Fragen in Stichworten beantworten bzw. Notizen ergänzen. Der Hörtext 1 wird Ihnen *nur einmal* präsentiert. Sie müssen dem Text also alle relevanten Informationen unmittelbar beim Hören entnehmen und sie sofort aufschreiben. Dies fällt leichter, wenn Sie sich auf den Text vorbereiten und sich schon vorher Gedanken zum Thema und zur Situation machen.

Ü4

Stellen Sie sich vor, Sie lesen in der Aufgabenstellung die Situationsangabe „Im Studentensekretariat". Das heißt, Sie sollen gleich einem Gespräch zuhören, das in einem Studentensekretariat stattfindet. Bereiten Sie sich auf das Thema vor.
Überlegen Sie:

- Was ist ein Studentensekretariat?
- Welche Funktion hat es?
- Wer kommt dorthin?
- Warum sucht man das Studentensekretariat auf?

Machen Sie sich zu Ihren Überlegungen Notizen.

Ü5

Sehen Sie sich nun die folgenden Aufgaben bzw. Fragen an, die zu diesem Hörtext gestellt werden.

Im Studentensekretariat

Beispiel:

(0) Was möchte die Studentin?   (0) *ihre Sprachkenntnisse verbessern.*

1 Worüber möchte sie sich informieren?   1 _____
2 Was wird angeboten? (1 Beispiel)   2 _____
3 Wann finden die meisten Kurse statt?   3 _____
4 Für welchen Kurs entscheidet sich die Studentin?   4 _____
5 Warum muss man sich anmelden?   5 _____
6 Was muss man zur Anmeldung mitbringen?   6 _____
7 Was muss man tun, um einen Teilnahmeschein zu bekommen? (2 Beispiele)   7 _____
8 Wie kann man sich auf den Kurs vorbereiten?   8 _____

a) Wenn Sie diese Fragen lesen, bekommen Sie schon einen ersten Eindruck von den Inhalten des Gesprächs, das Sie hören werden.
Stellen Sie Vermutungen an zum Gesprächsinhalt und -verlauf und machen Sie sich dazu Notizen.

b) Hören Sie nun das Gespräch von der CD. Vergleichen Sie Ihre Vermutungen mit den Aussagen im Text. Überprüfen Sie, wo Ihre Vermutungen zutreffen und wo nicht.

Hörverstehen _____ *Training*

Ü 6

Hören Sie den Text noch einmal. Notieren Sie zu jeder Frage ein bis drei Schlüsselwörter.

Im Studentensekretariat

Beispiel:

(0) Was möchte die Studentin? (0) *ihre Sprachkenntnisse verbessern.*
1 Worüber möchte sie sich informieren? 1 _____
2 Was wird angeboten? (1 Beispiel) 2 _____
3 Wann finden die meisten Kurse statt? 3 _____
4 Für welchen Kurs entscheidet sich die Studentin? 4 _____
5 Warum muss man sich anmelden? 5 _____
6 Was muss man zur Anmeldung mitbringen? 6 _____
7 Was muss man tun, um einen Teilnahmeschein 7 a) _____
   zu bekommen? (2 Beispiele) 7 b) _____
8 Wie kann man sich auf den Kurs vorbereiten? 8 _____

a) Vergleichen Sie Ihr Ergebnis mit Ihrem Lernpartner oder Ihrer Lernpartnerin.

b) Hören Sie anschließend den Text noch einmal und ergänzen Sie, wo nötig, Ihre Schlüsselwörter.

Hinweis: Die Fragen sollten Sie nicht auf der Basis Ihres Vorwissens, sondern allein auf der Grundlage des Hörtextes beantworten. Achten Sie darauf, dass die Schlüsselwörter, die Sie aufgeschrieben haben, genau auf die jeweilige Frage bezogen sind. Das sind die wichtigsten Kriterien bei der Bewertung Ihrer Antwort. Rechtschreibfehler und grammatische Fehler wirken sich nur dann negativ aus, wenn dadurch die Antwort nicht mehr verständlich ist.

Achtung: Manchmal werden bei einer Frage zwei Beispiele / Antworten verlangt. Enthält Ihre Lösung nur ein Beispiel oder eine Teilantwort, dann gilt die Frage als nicht beantwortet.

c) Vergleichen Sie Ihre Schlüsselwörter mit den Lösungen auf S. 102. Welche Fehler haben Sie gemacht? Worauf sollten Sie achten?

A 1 Anwendungsaufgabe

Hörtext 1: Aufgaben 1 – 8
Sie hören ein Bewerbungsgespräch in einem Institut für deutsche Sprache und Literatur.
Sie hören diesen Text **einmal**. Lesen Sie jetzt die Aufgaben 1 – 8.
Hören Sie nun den Text. Schreiben Sie beim Hören die Antworten auf die Fragen 1 – 8.
Notieren Sie Stichworte.

Ein Bewerbungsgespräch

(0) Um was für eine Stelle hat sich die Studentin beworben? (0) *Studentische Hilfskraft.*
1 Welche Jobs hat sie vorher gehabt? (1 Beispiel) 1 _____
2 Was für eine Prüfung hat die Studentin absolviert? 2 _____
3 Was ist der wichtigste Aufgabenbereich der
   studentischen Hilfskraft? 3 _____
4 Welcher weitere Aufgabenbereich wird genannt? 4 _____
5 Welche Arbeit fällt bei der Seminarvorbereitung an? 5 _____
6 Wie sieht die Arbeitsbelastung pro Woche aus? 6 _____
7 Was verdient eine studentische Hilfskraft? 7 _____
8 Wann wird die Studentin erfahren, ob sie die Stelle bekommt? 8 _____

Training — Hörverstehen

3 Prüfungsteil „Hörverstehen": Hörtext 2

Der zweite Hörtext des Prüfungsteils Hörverstehen ist ein Radiointerview, an dem mindestens drei Personen teilnehmen. Diese Personen sind Professoren, Experten, Studenten und Moderatoren oder Interviewer. Sie sprechen über studienbezogene Sachverhalte oder über fächerübergreifende wissenschaftliche Themen.

Zu diesem Hörtext werden Ihnen zehn Aussagen mit den Nummern 9 – 18 vorgelegt, bei denen Sie jeweils entscheiden sollen, ob sie bezogen auf den Hörtext richtig oder falsch sind. Während des Hörens müssen Sie vergleichen, ob eine Aussage auf dem Aufgabenblatt mit einer entsprechenden Passage im Hörtext inhaltlich übereinstimmt oder nicht. Dabei ist der Wortlaut der Aussage auf dem Aufgabenblatt nicht identisch mit dem Wortlaut des Hörtextes.

Der Hörtext 2 wird Ihnen **nur einmal** vorgespielt.

Vor dem Hören haben Sie wieder circa 1'25 Sekunden Zeit, sich das Thema und die Aussagen durchzulesen. Überlegen Sie, was Sie schon zu diesem Thema wissen und welche Informationen Ihnen die Aussagen zum Text bereits liefern.

Ü7

Lesen Sie die folgende Aufgabenstellung.

> Sie hören ein Interview zum Thema Sport an der Bundeswehrhochschule in München. Sie hören dieses Interview **einmal**.
> Lesen Sie jetzt die Aufgaben 9–18.
>
> Hören Sie nun das Interview.
> Entscheiden Sie beim Hören, welche Aussagen richtig oder falsch sind.
> Markieren Sie die passende Antwort.
>
> **Sport an der Bundeswehrhochschule**
>
> (0) Was

Was fällt Ihnen spontan zu diesem Thema ein? Notieren Sie sich Stichpunkte.

Ü8

Stellen Sie auf der Basis Ihrer Stichpunkte Vermutungen an, worum es bei dem Interview gehen könnte. Ergänzen Sie das folgende Raster:

Mögliche Besonderheiten der Hochschule?	
Gesprächspartner?	

Hörverstehen — *Training*

Ü 9

Da die Aussagen auf dem Aufgabenblatt nicht genau dem Wortlaut des Gehörten entsprechen, ist es sinnvoll, sich zu überlegen, wie man denselben Sachverhalt anders ausdrücken kann. So schärfen Sie Ihr Verständnis für unterschiedliche Formulierungen desselben Inhalts.

a) Sehen Sie sich die nachstehenden Aussagen 9 – 18 an. Geben Sie den Inhalt jeder Aussage mit anderen Worten wieder.

Das steht in der Aufgabe:	Der Inhalt kann auch so wiedergegeben werden:
9 *Beispiel:* Die Bundeswehrhochschule unterscheidet sich von anderen Hochschulen.	Die Bundeswehrhochschule ist anders als „normale" Universitäten.
10 An der Hochschule findet gerade eine Sportveranstaltung statt.	
11 Es werden zwei Sportler im Anschluss an ihren Wettkampf befragt.	
12 Der befragte Sportler trainiert täglich.	
13 Der befragte Student betreibt Sport u.a. aus Fitnessgründen.	
14 Das Sportangebot der Bundeswehrhochschule ist eingeschränkt.	
15 Sport ist hier an der Bundeswehrhochschule ein Pflichtfach.	
16 Die Studenten werden jedes Semester in bestimmten sportlichen Disziplinen geprüft.	
17 Sportliche Defizite können im Winter durch Extra-Training ausgeglichen werden.	
18 Sport wird als zusätzliche zeitliche Belastung angesehen.	

b) Vergleichen Sie Ihre Formulierungen mit den Beispielen im Lösungsteil und besprechen Sie sie mit Ihrem Lernpartner / Ihrer Lernpartnerin.

Training — Hörverstehen

Nicht alle Aussagen auf dem Aufgabenblatt treffen auf den Hörtext zu. Manchmal wird dort etwas ganz anders oder sogar gegenteilig formuliert. Überlegen Sie sich daher, wie gegenteilige oder andere Aussagen lauten könnten.

Formulieren Sie zu den Aussagen 9 – 18 jeweils eine gegenteilige oder abweichende Aussage.

Diese Aussagen stehen in der Aufgabe:	So könnte eine gegenteilige oder abweichende Aussage lauten:
9 *Beispiel:* Die Bundeswehrhochschule unterscheidet sich von anderen Hochschulen.	Die Bundeswehrhochschule unterscheidet sich *nicht* von anderen Hochschulen. Die Bundeswehrhochschule *ist eine Universität wie andere auch*.
10 An der Hochschule findet gerade eine Sportveranstaltung statt.	
11 Es werden zwei Sportler im Anschluss an ihren Wettkampf befragt.	
12 Der befragte Sportler trainiert täglich.	
13 Der befragte Student betreibt aus Fitnessgründen Sport.	
14 Das Sportangebot der Bundeswehrhochschule ist eingeschränkt.	
15 Sport ist hier an der Bundeswehrhochschule ein Pflichtfach.	
16 Die Studenten werden jedes Semester in bestimmten sportlichen Disziplinen geprüft.	
17 Sportliche Defizite können im Winter durch Extra-Training ausgeglichen werden.	
18 Sport wird als zusätzliche zeitliche Belastung angesehen.	

Hörverstehen _____ ***Training***

Ü11

Hören Sie nun den Text auf der CD. Entscheiden Sie dabei, welche der Aussagen 9 – 18 auf der Grundlage des Hörtextes „Richtig" oder „Falsch" sind. Kreuzen Sie dementsprechend „Richtig" oder „Falsch" an.

		Richtig	Falsch	
9	Die Bundeswehrhochschule unterscheidet sich von anderen Hochschulen.			9
10	An der Hochschule findet gerade eine Sportveranstaltung statt.			10
11	Es werden zwei Sportler im Anschluss an ihren Wettkampf befragt.			11
12	Der befragte Sportler trainiert täglich.			12
13	Der befragte Student betreibt Sport u.a. aus Fitnessgründen.			13
14	Das Sportangebot der Bundeswehrhochschule ist eingeschränkt.			14
15	Sport ist hier an der Bundeswehrhochschule ein Pflichtfach.			15
16	Die Studenten werden jedes Semester in bestimmten sportlichen Disziplinen geprüft.			16
17	Sportliche Defizite können im Winter durch Extra-Training ausgeglichen werden.			17
18	Sport wird als zusätzliche zeitliche Belastung angesehen.			18

A2 Anwendungsaufgabe

Hörtext 2: Aufgaben 9 –18

Sie hören ein Radiointerview zum Thema „Studiengang Europäisches Recht an der Universität Passau". Sie hören dieses Interview **einma**l. Lesen Sie jetzt die Aufgaben 9 –18.
Hören Sie nun das Interview. Entscheiden Sie beim Hören, welche Aussagen richtig oder falsch sind. Markieren Sie die passende Antwort.

Der Studiengang Europäisches Recht

		Richtig	Falsch	
	Beispiel:			
(0)	Die Universität Passau hat eine renommierte Juristische Fakultät.	X		0
9	Professor Bremer schätzt die Berufschancen für Juristen als gut ein.			9
10	Der befragte Jurastudent ist mit den Studienbedingungen nicht so zufrieden.			10
11	Die juristische Ausbildung in Passau stellt nach Ansicht des Studenten höhere Anforderungen als andere Universitäten.			11
12	Das Besondere am Jurastudium in Passau ist die Integration von Sprachen.			12
13	Der neue Master-Studiengang „Europäisches Recht" richtet sich vor allem an ausländische Studierende.			13
14	Ziel des neuen Studiengangs ist, Juristen für den Einsatz in der Europäischen Union auszubilden.			14
15	Im regulären Jurastudium ist auch ein Auslandsaufenthalt vorgesehen.			15
16	Durch einen Auslandsaufenthalt verlängert sich die Studienzeit nicht.			16
17	Manche Leistungen aus dem gewöhnlichen Jurastudium werden im Master-Studiengang anerkannt.			17
18	Der neue Studiengang hat sich bereits gut etabliert.			18

Training — Hörverstehen

4 Prüfungsteil „Hörverstehen": Hörtext 3

In der dritten Prüfungsaufgabe wird Ihnen ein längerer Hörtext vorgespielt. Es handelt sich um einen Kurzvortrag oder ein Interview zu einem wissenschaftlichen Thema. Der oder die Vortragende bzw. der Interviewpartner ist ein Wissenschaftler / eine Wissenschaftlerin.
Zu diesem Vortrag bzw. Interview sollen Sie sieben Aufgaben (Nr. 19 – 25) lösen. Sie müssen Fragen stichwortartig beantworten oder vorgegebene Notizen ergänzen. Der Hörtext 3 wird Ihnen *zweimal* vorgespielt. Zwischen dem ersten und dem zweiten Hören haben Sie circa eine Minute Zeit, sich das Gehörte zu vergegenwärtigen und Ihre Stichworte zu ergänzen. Beim zweiten Hören sollten Sie das, was Sie notiert haben, sorgfältig überprüfen und gegebenenfalls korrigieren.
Wie bei den vorangehenden Hörtexten haben Sie auch hier vor dem Hören zunächst Zeit, sich die Aufgaben durchzulesen, dabei gegebenenfalls Ihre Vorkenntnisse zum Thema zu aktivieren und den Fragen Informationen zum Inhalt und zum Verlauf des Interviews bzw. zur Gliederung des Vortrags zu entnehmen.

Ü12

Lesen Sie die folgende Aufgabenstellung zu einem Kurzvortrag mit dem Thema „Mehrsprachigkeit". Überlegen Sie sich, zu welchen Fragen Sie aufgrund Ihrer Vorkenntnisse schon etwas sagen können. Notieren Sie Stichworte.

Mehrsprachigkeit

(0) In wie viele Teile gliedert sich der Vortrag?   (0) *In zwei Hauptabschnitte.*

19 Welches sprachenpolitische Ziel der Europäischen Union wird erwähnt?   19 _____

20 Was bedeutet „individuelle Mehrsprachigkeit"?   20 _____

21 Was ist mit „kollektiver Mehrsprachigkeit" gemeint?   21 _____

22 Was versteht man unter „schulischer Mehrsprachigkeit"?   22 _____

23 Auf welchen Typ von Mehrsprachigkeit bezieht sich „echte Mehrsprachigkeit"?   23 _____

24 Wie wird das Lernziel „muttersprachliche Kompetenz in allen Sprachen" beurteilt?   24 _____

25 Wie fördert die Europäische Union das Sprachenlernen? (1 Beispiel)   25 _____

Hinweis: Ihre Vorkenntnisse helfen Ihnen, sich auf den Inhalt des Textes einzustellen, aber sie eignen sich nicht für die Beantwortung der Fragen. Dazu müssen Sie den Text selbst genau anhören (vgl. Ü17).

Hinweis: Was Sie über den Aufbau von Vorträgen wissen sollten:
Gute Redner bemühen sich in der Regel, den Zuhörenden das Verstehen zu erleichtern. Sie benutzen bestimmte Signale, um
- einen Überblick über ihre Ausführungen zu geben
- Themen einzuleiten oder abzuschließen
- Definitionen und Beispiele zu geben
- auf bereits Erwähntes zurückzuverweisen
- auf einen späteren Gedanken zu verweisen
- Zusammenfassungen zu geben.

Hörverstehen _____ *Training*

Ü13

a) Sehen Sie sich die folgenden Redemittel an, mit denen man einen Überblick über die Gliederung eines Vortrags geben kann.

Redemittel zur Strukturierung: Überblick über den Vortrag
- *Mein Vortrag besteht aus ... Teilen / Abschnitten.*
- *Am Anfang / Zu Beginn werde ich über ... sprechen, dann über ..., zuletzt über ...*
- *Im ersten Teil meines Vortrags / meiner Ausführungen möchte ich ...*
- *Im zweiten Teil meines Vortrags / meiner Ausführungen geht es um ...*
- *Zunächst möchte ich über ... sprechen, anschließend über ... und schließlich über ...*
- *Ich möchte Ihnen zunächst einen kurzen Überblick (über ...) geben.*

b) Hören Sie nun die Einleitung des Vortrags zum Thema „Mehrsprachigkeit" von der CD. Markieren Sie die Redemittel in a), die der Sprecher einsetzt, um einen Überblick über den gesamten Vortrag bzw. eine Orientierung für den Hörer zu geben.

Ü14

Lesen Sie die unten stehenden Redemittel und ordnen Sie diesen die passende Ziffer aus den folgenden vier Gruppen zu.

1. Abschluss eines Gesichtspunktes und Überleitung zum nächsten	2. Verweis auf das Folgende / Rückverweis	3. Definition / Beispiel	4. Zusammenfassung / Vortragsschluss

- *Zusammenfassend möchte ich sagen, dass ...* 4
- *Unter X versteht man ...* ......
- *Ich komme jetzt zu ...* ......
- *Das heißt, ...* ......
- *Wie eben / vorhin bereits erwähnt ...* ......
- *Nun einige Ausführungen / Bemerkungen zu ...* ......
- *Soweit das Thema X. Und jetzt zu ...* ......
- *Ich fasse zusammen ...* ......
- *Wie ich eingangs / am Anfang erwähnte ...* ......
- *X bedeutet / besagt / heißt, dass ...* ......
- *Wie wir später noch sehen werden, ...* ......
- *Kommen wir noch einmal auf ... zurück.* ......
- *Soweit zu [Thema] ...* ......

- *Der Begriff x bezieht sich auf ...* ......
- *Bevor ich zu X komme, noch ein paar Bemerkungen über Y.* ......
- *Ein Beispiel: ...* ......
- *X liegt vor, wenn ...* ......
- *Ich darf Ihnen vielleicht ein Beispiel geben...* ......
- *Lassen Sie mich zum Schluss noch einmal zusammenfassen / sagen / erwähnen ...* ......
- *Als Nächstes möchte ich ... behandeln.* ......
- *X wird bezeichnet als ...* ......
- *Bisher habe ich über x gesprochen, jetzt komme ich zu y.* ......
- *Ich möchte schließen, indem ich ...* ......

Ü15

Die Aufgaben, die zu einem Hörtext gestellt werden, folgen der Chronologie des Hörtextes. Oft kann man anhand der Fragen schon einen ersten Überblick über die Gliederung des Vortrags gewinnen.

Wo finden Sie in der Aufgabenstellung zum Vortrag „Mehrsprachigkeit" (Ü12 auf S. 44) Hinweise auf die Gliederung?

Training — Hörverstehen

Ü16

Sehen Sie sich die unten stehende Übersicht zum Kurzvortrag „Mehrsprachigkeit" an.
Ergänzen Sie – soweit möglich – die Lücken auf der Basis der Informationen, die Sie den Fragen in Ü12 auf S. 44 entnehmen können.

Mehrsprachigkeit

1. Einleitung: sprachenpolitisches _____ der _____ Union

2. Formen von Mehrsprachigkeit

   2.1 _____ Mehrsprachigkeit
   2.2 _____ Mehrsprachigkeit
   2.3 _____ Mehrsprachigkeit

3. _____ Mehrsprachigkeit

   3.1 _____ von Mehrsprachigkeit
   3.2 Kompetenz in den _____
   3.3 Mittel zur Förderung von _____ in _____

4. Schlusswort

Ü17

Hören Sie den Text von der CD.

a) Ergänzen Sie die restlichen Lücken in der Übersicht in Ü16.

b) Hören Sie den Text noch einmal und notieren Sie, welche Redemittel eingesetzt werden, um die Gliederung zu verdeutlichen.

Ü18

Lösen Sie jetzt die Aufgaben 19 – 25 zum Text „Mehrsprachigkeit".
a) Hören Sie den Vortrag – wenn nötig – noch einmal und beantworten Sie die Fragen in Stichworten.

Mehrsprachigkeit

(0) In wie viele Teile gliedert sich der Vortrag?   (0) *In zwei Hauptabschnitte.*

19 Welches sprachenpolitische Ziel der Europäischen Union wird erwähnt?   19 _____

20 Was bedeutet „individuelle Mehrsprachigkeit"?   20 _____

21 Was ist mit „kollektiver Mehrsprachigkeit" gemeint?   21 _____

22 Was versteht man unter „schulischer Mehrsprachigkeit"?   22 _____

23 Auf welchen Typ von Mehrsprachigkeit bezieht sich „echte Mehrsprachigkeit"?   23 _____

24 Wie wird das Lernziel „muttersprachliche Kompetenz in allen Sprachen" beurteilt?   24 _____

25 Wie fördert die Europäische Union das Sprachenlernen? (1 Beispiel)   25 _____

b) Vergleichen Sie Ihre Stichworte mit Ihren vermuteten Antworten (vgl. Ü12 und Hinweis dazu). Markieren Sie Übereinstimmungen und Unterschiede.

Hörverstehen — *Training*

A₃ Anwendungsaufgabe

Hörtext 3: Aufgaben 19 – 25

Sie hören einen kurzen Vortrag von Frau Professor Regler zur Hirnforschung am Menschen. Sie hören diesen Vortrag **zweimal**.

Lesen Sie jetzt die Aufgaben 19 – 25.

Hören Sie nun den Text ein erstes Mal.
Beantworten Sie beim Hören die Fragen 19 – 25 in Stichworten.

Hirnforschung am Menschen

(0) Worüber berichtet die Vortragende zuerst? (0) *über das Gehirn*

19 Woran kann man erkennen, dass das Gehirn ein komplexes Organ ist? 19 _____

20 Wie fällt der Leistungsvergleich zwischen dem menschlichen Gehirn und einem Roboter aus? 20 _____

21 An welchem Untersuchungsobjekt hat man Hirnforschung zunächst betrieben? 21 _____

22 Welche Nachteile hat das Verfahren, mit dem die Bio-Elektrizität gemessen wird? (1 Beispiel) 22 _____

23 Durch welches Verfahren wurde die Messung der Bio-Elektrizität verbessert? 23 _____

24 Was misst die Kernspintomografie? 24 _____

25 Welches Forschungsziel wird am Ende des Vortrags genannt? 25 _____

Ergänzen Sie nun Ihre Stichwörter. Sie hören jetzt den Text ein zweites Mal.

Sie haben nun zehn Minuten Zeit, um Ihre Lösungen auf das Antwortblatt zu übertragen.

Modelltest — Hörverstehen

Modelltest zum Prüfungsteil „Hörverstehen"

1. **Bearbeiten Sie den Modelltest „Hörverstehen". Arbeiten Sie unter Prüfungsbedingungen.**

   Wenn Sie allein arbeiten, treffen Sie die folgenden Vorbereitungen:

   1. Stellen Sie ein Abspielgerät bereit.
   2. Legen Sie die CD 1 ein.
   3. Schlagen Sie die erste Seite des Modelltests auf S. 49 auf.
   4. Starten Sie die CD und folgen Sie den Anweisungen.
   5. Nehmen Sie sich nach der Bearbeitung von Hörtext 3 (Ende der Aufnahme) zehn Minuten Zeit, um Ihre Antworten auf das Antwortblatt zu übertragen.

   Zu den Prüfungsbedingungen gehört, dass die Zeiten für die einzelnen Aufgaben genau eingehalten werden. Unterbrechen Sie daher den Ablauf des Modelltests nicht. Auf der CD sind alle Pausen- und Bearbeitungszeiten – außer der Zeit für die Übertragung auf das Antwortblatt – berücksichtigt.

2. **Vergleichen Sie nach Beendigung des Modelltests Ihre Antworten mit denen im Lösungsteil.**

Hörverstehen — *Modelltest*

Anleitung

Sie hören insgesamt drei Texte. Die Texte 1 und 2 hören Sie einmal, den Text 3 hören Sie zweimal. Schreiben Sie Ihre Lösungen zunächst hinter die Aufgaben.

Am Ende des Prüfungsteils „Hörverstehen" haben Sie zehn Minuten Zeit, um Ihre Lösungen auf das **Antwortblatt** zu übertragen.

Hörtext 1: Aufgaben 1 – 8
Sie hören ein Gespräch in einem Geologischen Institut. Sie hören diesen Text **einmal**.
Lesen Sie jetzt die Aufgaben 1 – 8.
Hören Sie nun den Text. Schreiben Sie beim Hören die Antworten auf die Fragen 1 – 8.
Notieren Sie Stichwörter.

Eine Exkursion

(0) Wonach erkundigt sich der Student?   (0) *Ob bei der Exkursion noch Plätze frei sind.*

1 Welche Teilnahmevoraussetzungen gibt es?
   (2 Teilnahmevoraussetzungen)

2 Wie sind die Zahlungsbedingungen?

3 Welche Ausrüstung soll mitgebracht werden?

4 Welche Studenten müssen einen Vortrag halten?

5 Wann bekommt man ein Vortragsthema?

6 Wie werden die Themen vergeben?

7 Wann werden die Vorträge gehalten?

8 Was ist 4 Wochen nach der Exkursion abzugeben?

Modelltest — Hörverstehen

Hörtext 2: Aufgaben 9 – 18

Sie hören ein Interview, das an der Katholischen Universität Eichstätt geführt wurde.
Sie hören dieses Interview **einmal**. Lesen Sie jetzt die Aufgaben 9 – 18.

Hören Sie nun das Interview. Entscheiden Sie beim Hören, welche Aussagen richtig oder falsch sind. Markieren Sie die passende Antwort.

Hochschulranking: Eichstätt

	Richtig	Falsch	
(0) Beispiel: Die Katholische Universität Eichstätt ist – laut einer Umfrage – die beste deutsche Universität.	X		(0)
9 Frau Baier glaubt, dass der Erfolg vor allem darauf zurückzuführen ist, dass Eichstätt sehr gute Bibliotheken hat.			9
10 Professoren und Studierende kennen sich in der Regel persönlich.			10
11 Viele Studenten haben auf das gute Abschneiden der Universität kritisch reagiert.			11
12 Nachteilig erscheint einigen, dass die Auswahl an Kommilitonen und Lehrenden nicht so groß ist.			12
13 Die Freizeitmöglichkeiten in Eichstätt sind nach Meinung von Frau Baier nicht gut.			13
14 Herr Schmitt hält die Mitbestimmungsmöglichkeiten für ausreichend.			14
15 Die Studierenden hatten auch die Möglichkeit, ihre Meinung im Internet zu äußern.			15
16 Die meisten Studierenden wünschen überhaupt keine Veränderungen.			16
17 Viele wünschen sich mehr Vorlesungen per Internet.			17
18 Die Journalistik-Studentin ist mit der technischen Ausstattung in ihrem Fach zufrieden.			18

Hörverstehen — *Modelltest*

Hörtext 3: Aufgaben 19 – 25

Sie hören einen kurzen Vortrag von Frau Professor Tiedemann zum Thema „Mathematik und Wirklichkeit". Sie hören diesen Vortrag **zweimal**.

Lesen Sie jetzt die Aufgaben 19 – 25.
Hören Sie nun den Text ein erstes Mal.
Beantworten Sie beim Hören die Fragen 19 – 25 in Stichworten.

Mathematik und Wirklichkeit

(0) Von wann datiert das Zählverfahren, das aus dem Zweistromland überliefert wurde?   (0) *aus dem 15. Jahrhundert vor Christus*

19 Welches Hilfsmittel wurde im Zweistromland zum Zählen verwendet?   19 _____

20 Zu welchem Zweck wurde die vorgriechische Mathematik betrieben?   20 _____

21 Was bedeuteten Zahlen in der vorgriechischen Mathematik?   21 _____

22 Was war das Neue an der griechischen Mathematik?   22 _____

23 Wie lautet die Gegenthese zur Auffassung, Mathematik sei eine Erfindung?   23 _____

24 Welche der beiden Positionen vertrat Platon?   24 _____

25 Wie wird die Ansicht begründet, Mathematik sei eine Erfindung?   25 _____

Ergänzen Sie nun Ihre Stichwörter. Sie hören jetzt den Text ein zweites Mal.

Sie haben nun zehn Minuten Zeit, um Ihre Lösungen auf das Antwortblatt zu übertragen.

Training _____ Schriftlicher Ausdruck

 1 Einführung in den Prüfungsteil „Schriftlicher Ausdruck"

Im Studium wird von Ihnen erwartet, dass Sie zu bestimmten Themen und Fragestellungen Seminararbeiten, Praktikumsberichte oder Thesenpapiere verfassen. Zum einen müssen Sie bei vielen Arbeiten, z.B. Laborberichten und empirischen Forschungsarbeiten, verschiedene Daten in sprachlicher Form aufarbeiten und in Ihren Text integrieren. D.h., Sie müssen Fakten- und Zahlenmaterial beschreiben und in geeigneter Weise zusammenfassen. Zum anderen wird von Ihnen erwartet, dass Sie sich mit verschiedenen wissenschaftlichen Positionen auseinandersetzen und Ihren eigenen Standpunkt darlegen, d.h. Sie müssen Argumente gegeneinander abwägen und Ihren Standpunkt begründen. Im Prüfungsteil „Schriftlicher Ausdruck" werden <u>Beschreiben</u> und <u>Argumentieren</u>, zwei Kernelemente des wissenschaftlichen Schreibens, von Ihnen gefordert.

In den Prüfungsunterlagen für den „Schriftlichen Ausdruck" finden Sie auf Seite 3 die Anleitung.

a) Bitte lesen Sie die unten stehende Anleitung zum „Schriftlichen Ausdruck" genau durch:

Bitte lesen Sie zuerst diese Anleitung zum Prüfungsteil „Schriftlicher Ausdruck".

Sie sollen einen Text zum Thema „Fremdsprachenkenntnisse" schreiben. Hierbei sollen Sie zwei Grafiken beschreiben und das Thema sachlich diskutieren.

> *Achten Sie dabei auf Folgendes:*
> - *Schreiben Sie einen zusammenhängenden Text.*
> - *Der Text soll klar gegliedert sein.*
> - *Bearbeiten Sie alle Punkte der Aufgabenstellung.*
> - *Achten Sie auf die Zeit: Für diesen Prüfungsteil haben Sie 60 Minuten Zeit.*
> - *Beschreibung der [Tabelle(n) / Grafik(en)]: Nehmen Sie sich maximal 20 Minuten. Geben Sie die wichtigsten Informationen der [Tabelle(n) / Grafik(en)] wieder.*
> - *Argumentation: Nehmen Sie sich nicht mehr als 40 Minuten. Wichtig ist, dass Sie Ihre Argumente begründen.*
> - *Bei der Bewertung Ihrer Leistung ist die Verständlichkeit des Textes wichtiger als die sprachliche Korrektheit.*

Schreiben Sie bitte auf den beigefügten Schreibbogen.
Für Entwürfe oder Notizen können Sie das beigefügte Konzeptpapier verwenden.
Gewertet wird nur der Text auf dem Schreibbogen.
Bitte geben Sie am Ende des Prüfungsteils „Schriftlicher Ausdruck" sowohl Ihren Schreibbogen als auch Ihr Konzeptpapier ab.
Wenn der Prüfer Sie auffordert umzublättern und die Aufgabe anzusehen, dann haben Sie noch 60 Minuten Zeit.

b) Machen Sie sich einen Merkzettel zu den wichtigsten Punkten beim Abfassen Ihres Textes. Ergänzen Sie die Stichworte.

```
Aufgabenstellung umfasst:
Beschreibung von _____        Diskussion zu _____
Achtung: 1. _____ Text schreiben, 2. klare _____ 3. _____ Punkte bearbeiten
Zeit: 1. Beschreibung: _____  2. Argumentation / Diskussion: _____
Wichtiger als grammatische Korrektheit: _____
Schreibbogen für _____        Konzeptpapier für _____
Am Ende der Prüfung: _____
```

Auf der zweiten Seite der Prüfungsunterlagen finden Sie das Thema und einen kurzen Einführungstext. Die dritte Seite enthält die Prüfungsaufgabe, d.h. die Grafik(en) und die Diskussionfrage sowie die jeweils dazugehörigen Aufgabenstellungen.

Schriftlicher Ausdruck — *Training*

Im Anschluss finden Sie ein Beispiel für die Prüfungaufgabe „Schriftlicher Ausdruck" mit den Teilen:

1. Thema
2. Kurzer Einführungstext
3. Arbeitsanweisung für den Gesamttext
4. Abbildung der Grafik
5. Aufgabenstellung zur Grafik
6. Textgrundlage für die Argumentation
7. Aufgabenstellung zur Argumentation

1 — Thema: Fremdsprachenkenntnisse 60 min.

2 — Wir leben heute in einer Welt, die durch Globalisierung gekennzeichnet ist. Das bedeutet, dass Wirtschaft, Politik und Wissenschaft zunehmend international tätig sind. Aufgrund dieser wachsenden Bedeutung internationaler Beziehungen werden in immer mehr Berufsfeldern Fremdsprachenkenntnisse verlangt.

3 — Schreiben Sie einen Text zum Thema „Fremdsprachenkenntnisse".

4
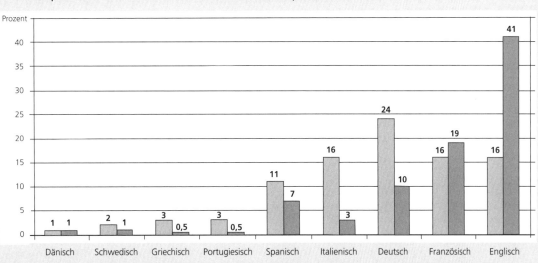

Quelle: EU-Kommission Dezember 2000

5 — Beschreiben Sie, wie sich in Europa die Sprachkenntnisse verteilen

- auf muttersprachliche Sprecher
- auf fremdsprachliche Sprecher.

6 — Mit der wachsenden Internationalisierung von Wirtschaft, Politik und Wissenschaft nimmt der Bedarf an Fremdsprachenkenntnissen zu. Vor diesem Hintergrund wird die Frage gestellt:

Soll für Studenten neben dem Fachstudium das Erlernen einer Fremdsprache zur Pflicht gemacht werden?

7
- Geben Sie die Ausgangslage und Frage mit Ihren eigenen Worten wieder.
- Nehmen Sie zu der Frage Stellung und begründen Sie Ihre Stellungnahme.
- Gehen Sie auch auf die Situation in Ihrem Heimatland ein.

Training _____ Schriftlicher Ausdruck

Vorbereitung auf die Abfassung Ihres Textes

Ihr Prüfungstext sollte die folgenden Gliederungspunkte enthalten:

1. Einleitung	4. Überleitung
2. Überleitung	5. Argumentation
3. Beschreibung einer Grafik oder Tabelle	6. Schluss

Im Lösungsteil auf S. 105 finden Sie einen Mustertext, der in dieser Weise gegliedert ist. Kennzeichnen Sie in diesem Text die oben genannten 6 Abschnitte.

Im Folgenden üben Sie nun Schritt für Schritt, die Abfassung Ihres Textes vorzubereiten. Sie sollten etwa fünf Minuten für die Vorbereitungsphase einplanen. Bevor Sie mit dem Schreiben beginnen, lesen Sie auf jeden Fall die gesamte Prüfungsaufgabe gründlich durch (hier auf S. 53).

1. **Thema:** An dieser Stelle finden Sie das Thema der Aufgabe. Es wird in der Regel in einem Schlüsselbegriff zusammengefasst. Nehmen Sie sich kurz Zeit, um zu diesem Schlüsselbegriff Ihre eigenen Assoziationen und Ihre Ideen zu sammeln.

2. **Kurzer Einführungstext:** Er gibt Hinweise darauf, in welchem Zusammenhang das Thema zu sehen ist. Dieser Abschnitt gibt Ihnen Anregungen für die Einleitung, die Sie zu Ihrem eigenen Text schreiben sollen.
Achten Sie darauf, dass Sie die Formulierungen nicht wörtlich übernehmen, denn Sie sollen ja zeigen, dass Sie in der Lage sind, eigenständig einen Text zu verfassen. Wörtliche Übernahmen aus der Vorlage werden bei der Beurteilung negativ gewertet.

3. **Arbeitsanweisung für den Gesamttext:** Sie wiederholt das Thema. Sie lautet stets: „Schreiben Sie einen Text zum Thema …"

4. **Abbildung der Grafik(en):** Die Grafik(en) gibt/geben Daten zu einem bestimmten Aspekt des Themas wieder. Sehen Sie sich genau an, auf welchen Aspekt des Themas die Grafik(en) zielt/zielen.

5. **Aufgabenstellung zur Grafik bzw. zu den Grafiken:** In der Aufgabenstellung werden stets zwei Arbeitspunkte genannt, auf die Sie bei der Beschreibung eingehen sollen.

6. **Textgrundlage für die Argumentation:** Dieser Abschnitt beginnt mit ein bis zwei hinführenden Sätzen. Dann folgt die Vorgabe für die Argumentation. Sie kann die Form einer Frage, eines kurzen Zitats oder zweier gegensätzlicher Thesen haben.

7. **Aufgabenstellung zur Argumentation:** Hier werden stets drei Arbeitspunkte aufgeführt.

Lesen Sie jetzt noch einmal genau die Aufgabenstellung zum Thema „Fremdsprachenkenntnisse" auf Seite 53.

a) Überlegen Sie kurz: „Was fällt mir zum Thema Fremdsprachenkenntnisse ein?" Machen Sie sich Notizen, z.B. in Form eines Assoziogramms.

```
          Fremdsprachen
        ↙    ↙    ↘    ↘
    Reisen              Kommunikation
```

b) Schauen Sie sich dann die Grafik „Sprachen in der Europäischen Union" und die Aufgabenstellung dazu an: Welche Aspekte werden hier hervorgehoben? Machen Sie sich kurze Notizen.

c) Sehen Sie sich die Textgrundlage und die Aufgabenstellung zur Argumentation an. Welche Gesichtspunkte werden hier hervorgehoben? Machen Sie sich auch dazu Notizen.

Schriftlicher Ausdruck — ***Training***

Die Einleitung zu Ihrem Text

Die Einleitung zu einem Text hat die Funktion, den Leser auf das Thema einzustimmen und die Bedeutung des Themas darzulegen. Hinweise, welche Aspekte des Themas im Mittelpunkt stehen, finden Sie in der Prüfungsaufgabe im Einführungstext sowie in den Aufgabenstellungen zur Grafik und zur Argumentation. Für die Einleitung Ihres Textes bieten sich verschiedene Möglichkeiten an. Sie können

    1. Beispiele oder Fälle anführen
    2. von kontroversen Meinungen ausgehen
    3. von einem Zitat / einem Sprichwort / einer Redensart ausgehen
    4. eine aktuelle Entwicklung aufzeigen
    5. von der Definition eines Schlüsselbegriffs ausgehen.

Verfassen Sie eine Einleitung zum Thema „Fremdsprachenkenntnisse" (S. 53). Wählen Sie dazu eine der oben angeführten Möglichkeiten 1. – 5. aus.

Lesen Sie die folgenden Textbeispiele 1. – 5. und unterstreichen Sie die Formulierungen, die Sie unabhängig von der jeweiligen Themenstellung generell für Einleitungen benutzen können.

1. Beispiele oder Fälle anführen:
   In Stellenanzeigen aus den Bereichen Wirtschaft oder Wissenschaft werden oft „gute Englischkenntnisse" oder „sehr gute französische Sprachkenntnisse" gefordert. Diese Beispiele machen deutlich, dass heute neben den fachlichen Qualifikationen Fremdsprachenkenntnisse immer wichtiger werden. Deshalb stellt sich die Frage, wie der Erwerb von Fremdsprachenkenntnissen gefördert werden kann.

2. Von kontroversen Meinungen ausgehen:
   Viele deutsche Wissenschaftler fragen sich, ob sie ihre Forschungsergebnisse auf Deutsch veröffentlichen sollen. Die Meinungen darüber gehen auseinander. Einige stehen auf dem Standpunkt, dass Englisch heute die internationale Wissenschaftssprache ist. Andere hingegen meinen, dass auch weitere Sprachen zur internationalen Verständigung dienen sollten. Ohne Zweifel müssen Wissenschaftler heute über mehr Fremdsprachenkenntnisse verfügen als noch vor 50 Jahren – doch wie kann dies erreicht werden?

3. Von einem Zitat / einem Sprichwort / einer Redensart ausgehen:
   Das Europäische Jahr der Sprachen 2001 stand unter dem Motto „Sprachen lernen öffnet Türen". Denn Fremdsprachen ermöglichen den Zugang zu Menschen anderer Kulturen. Um die Mehrsprachigkeit in Europa zu fördern, wurde u.a. vorgeschlagen, das Erlernen einer weiteren Fremdsprache für alle Studierenden zur Pflicht zu machen.

4. Eine aktuelle Entwicklung aufzeigen:
   Die Entwicklung der letzten Jahrzehnte zeigt, dass immer mehr große Unternehmen international aktiv sind. Die Mitarbeiter solcher Unternehmen müssen neben fachlichen Qualifikationen auch Fremdsprachenkenntnisse besitzen. Deshalb wird diskutiert, ob das Erlernen von Fremdsprachen Teil der beruflichen und universitären Ausbildung werden soll.

5. Von der Definition eines Schlüsselbegriffs ausgehen:
   Unter Globalisierung versteht man, dass die wirtschaftlichen, politischen und wissenschaftlichen Aktivitäten eines Landes zunehmend international ausgerichtet sind. Als Folge davon steigt der Bedarf an Fremdsprachenkenntnissen. In diesem Zusammenhang stellt sich folgendes Problem: Soll der Einzelne entscheiden, ob er Fremdsprachen lernen will oder nicht, oder soll Fremdsprachenunterricht z.B. während des Studiums Pflicht sein?

Training — Schriftlicher Ausdruck

Weitere Redemittel, die Sie in Ihrer Einleitung verwenden können:

1. **Beispiele oder Fälle anführen:**
   - *Dieses Beispiel / Dieser Fall macht deutlich / zeigt / veranschaulicht, dass …*
   - *Dies ist ein Beispiel dafür, dass …*
   - *Anhand dieses Beispiels wird deutlich / klar, dass …*

2. **Von kontroversen Meinungen ausgehen:**
   - *Zu dieser Frage / diesem Problem gibt es unterschiedliche Auffassungen / Meinungen.*
   - *In der Diskussion über … werden zwei entgegengesetzte Auffassungen / Meinungen vertreten.*
   - *Die einen sind der Meinung / der Ansicht …*
   - *Die anderen vertreten die Auffassung / die Meinung, dass …*
   - *Einige halten es für richtig / sinnvoll, dass …*
   - *Andere plädieren für …*

3. **Von einem Zitat / einem Sprichwort / einer Redensart ausgehen:**
   - *In [Land] gibt es das Sprichwort / die Redensart: „…"*
   - *Das Sprichwort „…" / Die Redensart „…" / Der Ausspruch „…" besagt, dass …*
   - *[Person] hat einmal gesagt / geschrieben: „…"*
   - *Bei [Person] heißt es …*
   - *In [Land] sagt man …*

4. **Eine aktuelle Entwicklung aufzeigen:**
   - *Betrachtet man die Entwicklung der letzten Jahre / der letzten Jahrzehnte, so kann man feststellen, dass ..*
   - *Ein Blick auf die Entwicklung zeigt, dass …*
   - *Seit einigen Jahren lässt sich beobachten, dass …*

5. **Von der Definition eines Schlüsselbegriffs ausgehen:**
   - *[Begriff] kann man definieren als …*
   - *Mit / Als [Begriff] wird … bezeichnet.*
   - *[Begriff] bedeutet, dass …*
   - *[Begriff] lässt sich beschreiben als …*

Überarbeiten Sie jetzt Ihre Einleitung, die Sie in Übung 4 auf S. 55 verfasst haben.

Schreiben Sie eine weitere Einleitung nach einem anderen Modell (vgl. S. 55) und verwenden Sie dabei einige der vorgeschlagenen Redemittel.

 Anwendungsaufgabe

Sie haben nun Gelegenheit, die bisherigen Übungsschritte in einer zusammenfassenden Aufgabe anzuwenden.

a) Bereiten Sie sich zunächst – wie in Schritt 2, S. 54 beschrieben – auf die folgende Aufgabe zum „Schriftlichen Ausdruck" auf S. 57 vor.

b) Verfassen Sie eine Einleitung für Ihren später zu erstellenden Text.

> Hinweis: In den folgenden Übungen und Anwendungsaufgaben erarbeiten Sie sich Schritt für Schritt einen kompletten schriftlichen Text zum Thema „Fremdsprachenlernen". Bewahren Sie deshalb Ihre Textentwürfe auf.
> Machen Sie sich für Ihre Arbeit am besten Kopien der Grafiken auf den Seiten 53, 57 und 60.

Schriftlicher Ausdruck — *Training*

Thema: Fremdsprachenlernen

Mehrsprachigkeit ist zum bildungspolitischen Schlagwort in Europa geworden, denn in einer Welt, die immer stärker zusammenwächst, sind Fremdsprachenkenntnisse unerlässlich. Deshalb wird in Deutschland gefordert, den Fremdsprachenunterricht an den Schulen zu verstärken.

Sprachunterricht in einigen Ländern der Europäischen Union				
So viel Prozent aller Schüler haben Fremdsprachenunterricht in				
	Englisch	Französisch	Deutsch	Spanisch
Schweden	100	19	42	5
Frankreich	98		28	34
Dänemark	94	15	71	6
Deutschland	94	24		1
Italien	72	35	4	0,5

Quelle: Europäische Kommission 1999

- Beschreiben Sie, welche Fremdsprachen in den genannten Ländern in der Schule gelernt werden.
- Vergleichen Sie, wie viele Schüler jeweils welche Fremdsprachen lernen.

Wann der Fremdsprachenunterricht in der Schule beginnt, ist in den europäischen Ländern unterschiedlich geregelt. In Deutschland wird zur Zeit über folgende Frage diskutiert:

Soll der Fremdsprachenunterricht bereits in der Grundschule (1. – 4. Schuljahr) einsetzen?

- Geben Sie die Ausgangslage und die Frage mit Ihren eigenen Worten wieder.
- Nehmen Sie zu der Fragestellung und begründen Sie Ihre Stellungnahme.
- Gehen Sie auch auf die Situation in Ihrem Heimatland ein.

Die Überleitung zwischen Einleitung und Beschreibung der Grafik in Ihrem Text

Damit der Text, den Sie verfassen, nicht in einzelne, unverbundene Teile zerfällt, ist es wichtig, dass Sie eine Überleitung zwischen der Einleitung und der Beschreibung der Grafik formulieren. Bedenken Sie, dass Ihre Prüfungsleistung, d.h. Ihr Text, auch danach bewertet wird, wie gut die einzelnen Abschnitte miteinander verknüpft sind. Solch eine Verknüpfung können Sie beispielsweise herstellen, indem Sie in der Überleitung darauf hinweisen, dass Sie vor der Argumentation Datenmaterial erläutern.

Prüfen Sie in den folgenden Sätzen, welche Satzteile sich auf die vorangegangene Einleitung und welche sich auf die anschließende Beschreibung der Grafik beziehen.

1. „Als erstes jedoch sollen einige Daten zur Verteilung von neun Sprachen auf die Bevölkerung der EU erläutert werden."
2. „Bevor diese Frage diskutiert wird, sollen erst einige Daten zur Verteilung von neun Sprachen auf die Bevölkerung der EU präsentiert werden."
3. „Vorab jedoch soll anhand einiger Daten gezeigt werden, wie es um die Verteilung von neun Sprachen auf die Bevölkerung der EU bestellt ist."
4. „Vor der Erörterung dieses Problems sollen zunächst einige Daten verdeutlichen, wie sich neun europäische Sprachen auf die Bevölkerung der EU verteilen."

 Anwendungsaufgabe

Formulieren Sie nun eine Überleitung, die an Ihre Einleitung (vgl. Anwendungsaufgabe 1, S. 56) anschließt.

Training ─────────────────────────── Schriftlicher Ausdruck

5 Die Beschreibung der Grafik

In diesem Abschnitt lernen Sie, eine Grafik oder eine Tabelle zu beschreiben.
Die Grafiken oder Tabellen, die Ihnen in der Prüfung vorgelegt werden, haben folgende Bestandteile:
- Rahmendaten
- Datenmaterial.

Unter „Rahmendaten" versteht man die Angaben zur Grafik wie z.B. die Quelle oder das Veröffentlichungsdatum. Als „Datenmaterial" werden die aufbereiteten Daten bezeichnet. Diese Daten können in unterschiedlicher Form präsentiert werden:
- als Tabelle
- als Balken-oder Säulendiagramm
- als Liniendiagramm.

Tabellen enthalten nur das Zahlenmaterial, während Balken-, Säulen- und Liniendiagramme die Daten auch in grafischer Form darstellen. Balken- oder Säulendiagramme werden vor allem zur Darstellung von Rangfolgen oder Häufigkeiten eingesetzt, Liniendiagramme hingegen geben vorwiegend einen zeitlichen Verlauf wieder.

Darstellung der Rahmendaten

Am besten beginnen Sie die Beschreibung einer Grafik oder Tabelle mit der Darstellung der Rahmendaten:
- Datenquelle
- Veröffentlichungsdatum
- Überschrift
- Koordinaten des Diagramms.

9

Stellen Sie die Rahmendaten der Grafik von (S. 53) und der Tabelle von (S. 57) zusammen.

Rahmendaten		Grafik (S. 53)	Tabelle (S. 57)
	Datenquelle		
	Veröffentlichungsdatum		
	Überschrift		
	Koordinaten	Prozent / Sprachen	

10

**Sie finden im Folgenden zwei Mustertexte zu den Rahmendaten der Grafik auf (S. 53).
Ergänzen Sie die Lücken.**

a) „Im Dezember 2000 wurde(n) __Daten__ zu den Sprachen, die in der Europäischen Union gesprochen werden, von der EU-Kommission _____. Für neun Sprachen wird jeweils _____, wie viel Prozent der Bürger diese Sprache als Mutter- bzw. Fremdsprache sprechen."

b) „Die Grafik mit _____ „Sprachen in der Europäischen Union" _____, welche Sprachen in der Europäischen Union von wie viel Prozent der Bürger gesprochen werden.
Sie _____ Datenmaterial der EU-Kommission vom Dezember 2000."

11

**Formulieren Sie nun selbst einen kurzen Text zu den Rahmendaten der Tabelle auf S. 57.
Orientieren Sie sich dabei an den beiden Texten von Ü10.**

Hinweis: Zur Beschreibung des Datenmaterials sind Ihnen in der Aufgabenstellung zwei Arbeitspunkte vorgegeben. Es ist wichtig, dass Sie auf beide eingehen. Fehlt einer der Punkte, so wirkt sich das negativ auf die Bewertung Ihres Textes aus. Sie müssen die beiden Arbeitspunkte allerdings nicht in der vorgegebenen Reihenfolge bearbeiten. Manchmal ist es leichter, mit dem zweiten Punkt anzufangen, oder es ist sinnvoll, beide miteinander zu verbinden (vgl. Mustertext S.105).

Schriftlicher Ausdruck *Training*

Achten Sie darauf, dass Sie die Daten in strukturierter Form wiedergeben. Wenn Sie die Daten nur aufzählend wiedergeben, wird Ihr Text weniger gut bewertet.

Im Folgenden finden Sie einige Tipps, wie Sie das Datenmaterial zusammenfassen und strukturieren können. Welche dieser Tipps Sie jeweils anwenden können, hängt von der Darstellungsform der Daten ab.

- Beginnen Sie immer mit einer zusammenfassenden Aussage über die präsentierten Daten.
  Beispiel zu (S. 53) : *„Die Grafik zeigt die Anteile der muttersprachlichen und nichtmuttersprachlichen Sprecher von ausgewählten Sprachen der Europäischen Union."*

- Bei Balken- oder Säulendiagrammen sollten Sie feststellen, ob es erhebliche Unterschiede gibt oder ob die Werte eher gleichmäßig verteilt sind.
  Beispiel: *„Auf den ersten Blick wird deutlich, dass Englisch als Fremdsprache dominiert."*
  Bei Liniendiagrammen sollten Sie, wenn möglich, eine Trendaussage machen, bevor Sie mit der Beschreibung einzelner Daten beginnen: Lässt sich im (Zeit-)verlauf eine Zunahme / Abnahme feststellen? Oder weist die Kurve eher gleichbleibende Werte mit geringer Variation auf?

- Sie müssen nicht alle einzelnen Daten wiedergeben. Vor allem wenn das Datenmaterial umfangreicher ist, sollten Sie darauf verzichten. Zum Beispiel bei der Beschreibung der Tabelle auf S. 57 wäre es verwirrend und ermüdend, wenn Sie jede einzelne Zahl in Ihrem Text anführen würden.

- Schauen Sie, ob sich einzelne Daten in Gruppen ähnlicher Größe zusammenfassen lassen. Beschreiben Sie das Merkmal / die Merkmale der Gruppe und nennen Sie dann nur ein bis zwei Zahlenbeispiele.
  Beispiel zu S. 53: *„Bei den zahlenmäßig kleineren Sprachgruppen der Europäischen Union ist der Anteil der fremdsprachlichen Sprecher äußerst gering."*

- Prüfen Sie, ob es Auffälligkeiten gibt, z.B. einen plötzlichen starken Anstieg / Abfall einer Kurve. Weisen Sie bei der Beschreibung auf diese Auffälligkeiten hin.
  Beispiel zu S. 53: *„Obwohl Englisch, Französisch und Italienisch die gleiche Zahl muttersprachlicher Sprecher aufweisen, existieren große Unterschiede bei der Anzahl der fremdsprachlichen Sprecher."*

- Überlegen Sie, wie Sie Ihre Beschreibung aufbauen wollen. Es gibt verschiedene Möglichkeiten, wie Sie nach der zusammenfassenden Aussage über die Daten fortfahren können: Sie können von den höchsten bzw. niedrigsten Werten ausgehen, dann die mittleren und am Ende die niedrigsten bzw. höchsten Werte beschreiben. Oder aber Sie stellen den höchsten Werten die niedrigsten gegenüber und beschreiben dann das Mittelfeld.

12

Wenden Sie nun diese Tipps auf die Tabelle (S. 57) an. Machen Sie sich zu den folgenden Punkten Notizen:

a) Unter welchem Aspekt lassen sich die Daten in einem einleitenden Satz zusammenfassen?
b) Gibt es Auffälligkeiten, die erwähnt werden sollten?
c) Wie wollen Sie Ihre Beschreibung aufbauen?

Redemittel, die Sie verwenden können:

1. **Zur Rangordnung**
   - *An erster Stelle steht / liegt ...*
   - *Spitzenreiter ist ...*
   - *Die Spitzenstellung nimmt ... ein.*
   - *An zweiter / dritter / ... Stelle folgt ...*

   - *Im Mittelfeld finden wir ...*
   - *In der Mitte befinden sich ...*
   - *Auf den mittleren Plätzen sind ...*
   - *An letzter Stelle steht / liegt ...*

   - *Am unteren Ende finden wir ...*
   - *Das Schlusslicht bildet ...*

2. **Auffälligkeiten**
   - *Was besonders auffällt, ist ...*
   - *Was ins Auge springt / fällt, ist ...*
   - *Bemerkenswert / Auffällig ist ...*
   - *Es fällt auf, dass ...*

Training _____ Schriftlicher Ausdruck

3. **Verlauf**

a) Verben, die einen Rückgang bezeichnen: *abnehmen / fallen / sinken / zurückgehen / sich reduzieren / verringern / verkleinern / rückläufig sein.*
Diese Verben können alle nach dem gleichen Satzbaumuster verwendet werden.
Beispiel: *Die Zahl der Beschäftigten ist in diesem Zeitraum von 36400 um Tausend auf 35400 zurückgegangen.*

Verben, die einen konstanten Verlauf bezeichnen: *gegenüber* (Angabe des Zeitpunkts) *gleich / konstant / unverändert bleiben / sich nicht verändern / stagnieren*

b) Verben, die einen Anstieg bezeichnen: *erhöhen / vergrößern / zunehmen / (an)steigen / wachsen.*
Diese Verben können alle nach dem gleichen Satzbaumuster verwendet werden.
Beispiel: *Die Zahl der Beschäftigten ist in diesem Zeitraum von 35400 um Tausend auf 36400 angestiegen.*

Beschreiben Sie auf der Grundlage Ihrer Notizen (Übung 12) die Tabelle „Sprachunterricht in einigen Ländern der Europäischen Union" (S. 57).

A₃ Anwendungsaufgabe

Beschreiben Sie die unten abgebildete Grafik in der Weise, wie Sie es bei der Darstellung der Rahmendaten und der Beschreibung des Datenmaterials geübt haben. Arbeiten Sie möglichst ohne Wörterbuch.

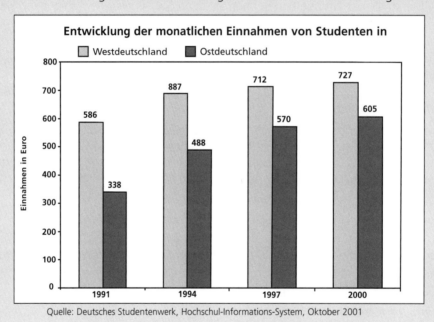

Nachdem Sie Ihren Text geschrieben haben, lesen Sie ihn noch einmal kritisch durch und überprüfen Sie dabei:

- Haben Sie jeweils die richtigen Wörter und Ausdrücke gewählt?
- Sind die Verbformen richtig (Verhältnis von Subjekt und Verb, Tempusformen)?
- Stimmen die Artikel hinsichtlich Genus und Kasus?
- Ist die Satzstellung korrekt (Verbstellung, Abfolge der Objekte und adverbialen Bestimmungen)?
- Sind die Wörter richtig geschrieben?
- Sind die Sätze sinnvoll miteinander verknüpft?

In Zweifelsfällen schlagen Sie in einem Wörterbuch bzw. in einer Grammatik nach.
Geben Sie Ihren Text einem Lernpartner / einer Lernpartnerin oder einem Muttersprachler / einer Muttersprachlerin.
Bitten Sie ihn / sie, den Text durchzulesen und Stellen, die unverständlich oder fehlerhaft sind, zu markieren.
Besprechen Sie – wenn möglich – mit ihm / ihr Ihren Text.

Schriftlicher Ausdruck _____ ***Training***

Überleitung von der Beschreibung der Grafik zur Argumentation

Bevor Sie sich der Argumentation zuwenden, sollten Sie einige Sätze formulieren, die den beschreibenden und den argumentativen Teil miteinander verbinden. Wie Sie Ihre Überleitung gestalten, hängt davon ab, in welcher Beziehung das Thema der Grafik(en) zum Schwerpunkt der Argumentation steht und welche Anknüpfungspunkte Ihre Beschreibung der Grafik(en) bietet.

Ü 15
Überlegen Sie: Wie lassen sich die Informationen in der Grafik „Sprachen in der Europäischen Union" (S. 53) und die Frage „Soll für Studenten neben dem Fachstudium das Erlernen einer Fremdsprache zur Pflicht gemacht werden?" miteinander verknüpfen? Notieren Sie sich zunächst Stichpunkte.

Ü 16
Formulieren Sie eine Überleitung zu Ihren Stichpunkten von Übung 15.
Orientieren Sie sich dabei gegebenenfalls auch an der entsprechenden Überleitung im Mustertext auf S. 105.

> **A₄ Anwendungsaufgabe**
>
> Verfassen Sie eine Überleitung, die sich an Ihre Beschreibung der Grafik „Sprachunterricht in einigen Ländern der Europäischen Union" (S. 57) anschließt.

Die Argumentation

Im argumentativen Teil Ihres Textes müssen Sie zu einem vorgegebenen Problem Stellung nehmen. Dazu müssen Sie zunächst das Problem darlegen. Ihre anschließende Stellungnahme sollte sich auf Argumente stützen, die sachlich begründet sind. Sie sind ausdrücklich aufgefordert, auch die Situation in Ihrem Heimatland zu berücksichtigen.

Paraphrase

Der erste Arbeitspunkt der Argumentation verlangt von Ihnen eine Paraphrase. Das bedeutet, dass Sie mit Ihren eigenen Worten das Problem / die Ausgangslage darstellen. So heißt es z.B. in der Aufgabenstellung (S. 53 unten) „Geben Sie die Ausgangslage und Frage mit Ihren eigenen Worten wieder."
Die Ausgangslage wird im Einführungstext sowie in der Textgrundlage für die Argumentation beschrieben. In dem Beispiel auf S. 53 sind das die Textabschnitte 2 und 6 :

> **2** Wir leben heute in einer Welt, die durch Globalisierung gekennzeichnet ist. Das bedeutet, dass Wirtschaft, Politik und Wissenschaft zunehmend international tätig sind. Aufgrund dieser wachsenden Bedeutung internationaler Beziehungen werden in immer mehr Berufsfeldern Fremdsprachenkenntnisse verlangt.
>
> **6** Mit der wachsenden Internationalisierung von Wirtschaft, Politik und Wissenschaft nimmt der Bedarf an Fremdsprachenkenntnissen zu. Vor diesem Hintergrund wird die Frage gestellt:
> **Soll für Studenten neben dem Fachstudium das Erlernen einer Fremdsprache zur Pflicht gemacht werden?**

Bevor Sie mit dem Formulieren beginnen, müssen Sie sich klarmachen, in welcher logischen Beziehung die Sätze der Textabschnitte 2 und 6 (vgl. die Aufgabenstellung auf S. 53) zueinander stehen. Man kann hier unterscheiden zwischen Tatsachenaussagen, Folgen und der aus der Folge abgeleiteten Problemstellung.

Ü 17
a) Schauen Sie sich die oben zitierten Textabschnitte 2 und 6 an. Markieren Sie die Schlüsselwörter in diesen Texten.
b) Ordnen Sie die Schlüsselwörter der entsprechenden Spalte in der folgenden Tabelle zu:

Tatsache	Folge	aus der Folge abgeleitete Problem- bzw. Fragestellung
Globalisierung		

Training _____ Schriftlicher Ausdruck

Ü 18

a) Mit welchen sprachlichen Mitteln wird in den Textabschnitten ❷ und ❻ die Verknüpfung zwischen Tatsache und Folge sowie zwischen Folge und der daraus abgeleiteten Problemstellung hergestellt? Notieren Sie:

Verknüpfung zwischen   Verknüpfung zwischen Folge und aus
Tatsache und Folge   der Folge abgeleitetem Problem

....

b) Überlegen Sie sich weitere sprachliche Verknüpfungsmöglichkeiten.

Ü 19

Ersetzen Sie im folgenden Text die <u>unterstrichenen</u> Wörter durch sinnverwandte. Notieren Sie alle Möglichkeiten, die Ihnen einfallen.

Wir leben in einer Welt, die durch Globalisierung <u>gekennzeichnet</u> ist. Das <u>bedeutet</u>, dass Wirtschaft, Politik und Wissenschaft <u>zunehmend</u> international tätig sind. Infolge dieser <u>wachsenden</u> Bedeutung internationaler Beziehungen <u>werden</u> in immer mehr Berufsfeldern Fremdsprachenkenntnisse <u>verlangt</u>.
Mit der wachsenden Internationalisierung von Wirtschaft, Politik und Wissenschaft <u>nimmt</u> der Bedarf an Fremdsprachenkenntnissen <u>zu</u>. Vor diesem Hintergrund <u>wird</u> die Frage <u>gestellt</u>: Soll für Studenten neben dem Fachstudium das Erlernen einer Fremdsprache zur Pflicht gemacht werden?

Ü 20

Beginnen Sie jetzt mit der ersten Aufgabe zur Argumentation (S. 53, Nr. ❼): „Geben Sie die Ausgangslage und Frage mit Ihren eigenen Worten wieder."

Paraphrasieren Sie dabei so viel wie möglich. Dazu gehört auch, dass Sie die Satzkonstruktionen der Vorlage variieren.

Stellungnahme

Der zweite Arbeitspunkt verlangt von Ihnen eine Stellungnahme. Stellung zu nehmen bedeutet, dass Sie Ihre Meinung zu einem Problem ausführlich erläutern und durch sachliche Begründungen stützen. Ihr Text wird auch danach bewertet, wie gut Ihnen solch eine sachliche Argumentation gelingt. Eine Stellungnahme, die lediglich auf persönlichen Urteilen und Meinungen basiert, führt zu einer schlechteren Bewertung Ihres Textes.

Ü 21

Im Folgenden finden Sie zwei kurze Stellungnahmen zu der Frage „Soll der Umgang mit den neuen Informationstechnologien als Fach in der Schule unterrichtet werden?"

a) Lesen Sie sich die beiden Stellungnahmen durch.

1. *„Die Arbeit am Computer finde ich sehr interessant. Es macht Spaß, im Internet zu surfen und so viele neue Informationen zu bekommen. Deshalb bin ich der Meinung, dass der Umgang mit den neuen Informationstechnologien als Fach in der Schule unterrichtet werden soll."*

2. *„In immer mehr Berufen werden heute Computerkenntnisse vorausgesetzt. Zum Beispiel wird von Architekten ebenso wie von Arzthelferinnen erwartet, dass sie mit einem Computer umgehen können.
Da also Computerkenntnisse für viele Arbeitsbereiche notwendig sind, sollte der Umgang mit den neuen Informationstechnologien als Fach in der Schule unterrichtet werden."*

b) Welche Stellungnahme ist sachbezogen, welche ist persönlich? Begründen Sie Ihr Urteil.

Die Qualität einer Stellungnahme hängt also davon ab,
- wie sachlich überzeugend jedes einzelne Argument ist
- wie die Argumente aufeinander folgen.

In den beiden folgenden Abschnitten können Sie deshalb üben, Ihre Argumente sachlich vorzubringen und sie strukturiert anzuordnen.

Schriftlicher Ausdruck _____ *Training*

Aufbau eines Arguments

Ein Argument kann aus zwei oder drei Bausteinen bestehen:
1. Feststellung oder Forderung
   Zu einer strittigen Frage bzw. einem Problem wird eine Feststellung getroffen oder eine Forderung erhoben. Feststellungen enthalten oft eine wertende Aussage über einen Sachverhalt.
   Beispiel: *Fremdsprachenkenntnisse sind heutzutage unentbehrlich.*
   Sachverhalt: *Fremdsprachenkenntnisse*
   wertende Aussage: *unentbehrlich sein.*
   Forderungen sind meist an Modalverben wie *sollen* und *müssen* oder auch an Verben wie *(auf)fordern* und *verlangen* erkennbar. Beispiel: *Studenten sollten neben ihrem Fachstudium eine Fremdsprache lernen.*
2. Begründungen
   Begründungen stützen durch sachliche Erwägungen die Feststellung bzw. die Forderung. Sie verweisen häufig auf Tatsachen. Beispiel: *Immer mehr Berufe setzen Fremdsprachenkenntnisse voraus.*
3. Belege
   Argumente wirken überzeugender, wenn sie durch Belege, d.h. Beispiele oder eigene Erfahrungen untermauert werden. Beispiel: *Das zeigen Stellenausschreibungen von Firmen mit internationalen Kontakten.*

Feststellungen bzw. Forderungen und Begründungen lassen sich sprachlich auf verschiedene Weise miteinander verknüpfen, z.B.:

Feststellung: *Ein Auslandsstudium lohnt sich immer.*
Begründung: *Durch ein Auslandsstudium erwirbt man Fremdsprachenkenntnisse und lernt fremde Kulturen und andere Lebensstile kennen.*
Verknüpfungsbeispiele: *Ein Auslandsstudium lohnt sich immer, denn dadurch erwirbt man Fremdsprachenkenntnisse und lernt fremde Kulturen und andere Lebensstile kennen.*
Durch ein Auslandsstudium erwirbt man Fremdsprachenkenntnisse und lernt fremde Kulturen und andere Lebensstile kennen. Deshalb lohnt es sich in jedem Fall, im Ausland zu studieren.

22

Verknüpfen Sie die folgenden Feststellungen / Forderungen und Begründungen. Überlegen Sie sich jeweils möglichst mehrere Varianten.

a) Feststellung: *Schlüsselqualifikationen wie Teamfähigkeit oder kommunikative Kompetenz sind wichtiger als Fachkenntnisse.*
   Begründung: *Fachkenntnisse veralten immer schneller.*
b) Forderung: *Elektronische Datenverarbeitung sollte als Fach in der Schule unterrichtet werden.*
   Begründung: *In immer mehr Berufen werden Computerkenntnisse vorausgesetzt.*
c) Forderung: *Mädchen müssen in Physik, Chemie und Biologie stärker gefördert werden.*
   Begründung: *In Deutschland sind in den naturwissenschaftlichen Studienfächern Frauen unterrepräsentiert.*
d) Feststellung: *In einigen Bundesländern ist die Schulzeit bis zum Abitur auf 12 Jahre verkürzt worden.*
   Begründung: *Deutsche Studenten sind älter als der weltweite Durchschnitt.*

Argumente erhalten mehr Gewicht, wenn sie durch Belege gestützt werden. Als Belege können angeführt werden:

- Beispiele und /oder Erfahrungen
  Bei Mitarbeitern internationaler Firmen zeigt sich, dass diejenigen, die während des Studiums Auslandserfahrungen erworben haben, weniger Schwierigkeiten im Umgang mit ausländischen Kollegen haben.
- Fakten und/oder Daten
  Eine Umfrage unter deutschen Studenten, die ein Jahr im Ausland verbracht haben, ergab, dass die Mehrheit von ihnen den Studienaufenthalt positiv beurteilt.

23

Gehen Sie nun noch einmal zur Übung 22 zurück. Überlegen Sie, wie Sie die Argumente, die dort angeführt sind, durch Belege stützen können.

Training ─────────────────────────── Schriftlicher Ausdruck

Eine Stellungnahme ist noch überzeugender, wenn Sie nicht nur Argumente zur Unterstützung Ihrer Meinung, sondern auch Gegenargumente berücksichtigen. Gegenargumente enthalten Begründungen, die gegen Ihre Auffassung vorgebracht werden könnten.

24

Lesen Sie die folgenden Argumente zur Diskussionsfrage: „Soll für Studenten neben dem Fachstudium das Erlernen einer Fremdsprache zur Pflicht gemacht werden?".

Das zusätzliche Fremdsprachenstudium →
- zusätzliche Qualifikation
- Verlängerung des Studiums
- mangelnde Motivation
- verändertes Anforderungsprofil auf dem Arbeitsmarkt
- Zeitverlust durch Lernen einer Fremdsprache
- Erweiterung des geistigen Horizonts
- nicht für alle Fächer gleichermaßen relevant.

a) Welche Argumente sprechen für das Fremdsprachenlernen während des Studiums, welche dagegen? Ordnen Sie sie.

b) Finden Sie weitere Argumente dafür und dagegen.

Pro-Argumente	Kontra-Argumente

c) Formulieren Sie nun die Argumente. Berücksichtigen Sie dabei den Aufbau eines Arguments (vgl. S. 63).

25

Formulieren Sie zu folgendem Thema Pro-und Kontra-Argumente:
„Soll der Schwerpunkt des Schulunterrichts in der Vermittlung von Schlüsselqualifikationen wie z. B. Kommunikationsvermögen oder Teamfähigkeit liegen?"

Reihung von Argumenten

Für die Anordnung der Pro-Argumente und Kontra-Argumente in Ihrem Text gibt es drei Möglichkeiten:

Struktur 1
Sie führen zuerst alle Pro-Argumente, die Ihre Auffassung stützen, auf. Danach bringen Sie Kontra-Argumente vor und formulieren anschließend eine Zusammenfassung.

    Pro-Argumente ⟶ Kontra-Argumente ⟶ Zusammenfassung

Struktur 2
Sie führen zuerst alle Kontra-Argumente auf und bringen im Anschluss daran die Pro-Argumente vor, die Ihre Meinung stützen. Danach formulieren Sie Ihre Zusammenfassung.

    Kontra-Argumente ⟶ Pro-Argumente ⟶ Zusammenfassung

Struktur 3
Sie führen abwechselnd ein Pro-Argument und ein Kontra-Argument an, also Pro-Argument 1, Kontra-Argument 1, Pro-Argument 2, Kontra-Argument 2 usw. Am Ende Ihrer Argumentationskette formulieren Sie eine Zusammenfassung.

    Pro-Argument 1 ⟶ Kontra-Argument 1
    Pro-Argument 2 ⟶ Kontra-Argument 2
    .... ⟶ Zusammenfassung

Schriftlicher Ausdruck — *Training*

Redemittel, die Sie verwenden können

Einleitung von Pro- und Kontra-Argumenten
- Man kann einige wichtige Argumente für / gegen ... anführen.
- Dafür / Dagegen gibt es einige Argumente. ...
- Zunächst muss man / lässt sich feststellen, dass ...
- Dazu kommt, dass ...
- Man sollte nicht vergessen, dass ...
- Man sollte / muss auch berücksichtigen, dass ...
- Es sollte / muss außerdem berücksichtigt werden, dass ...

Zusammenfassung
- Zusammenfassend kann man / lässt sich sagen, dass ...
- Aus all dem kann man / lässt sich die Schlussfolgerung ziehen, dass ...
- Abschließend möchte ich festhalten, dass ...

Ü 26

Schreiben Sie eine zusammenhängende Stellungnahme zu der Frage „Soll für Studenten neben dem Fachstudium das Erlernen einer Fremdsprache zur Pflicht gemacht werden?"
Verwenden Sie die Argumente aus Ü 24 und bauen Sie Ihren Text entsprechend der Struktur 1 in Ü 25 (S. 64) auf.

Ü 27

Schreiben Sie eine zusammenhängende Stellungnahme zu der Frage „Soll der Schwerpunkt des Schulunterrichts in der Vermittlung von Schlüsselqualifikationen wie z.B. Kommunikationsvermögen oder Teamfähigkeit liegen?"
Verwenden Sie die Argumente aus Ü 25 und bauen Sie Ihren Text entsprechend der Struktur 2 auf.

Ü 28

Variieren Sie nun Ihre beiden Texte so, dass sie der Struktur 3 entsprechen.

A5 Anwendungsaufgabe

Verfassen Sie nun Ihre Stellungnahme zu der Frage „Soll der Fremdsprachenunterricht bereits in der Grundschule einsetzen?" (S. 57). Berücksichtigen Sie dabei die drei Arbeitspunkte der Aufgabenstellung.

Der Schluss

Ihren Text sollten Sie mit einigen abschließenden Sätzen beenden. Dafür gibt es verschiedene Möglichkeiten. Welche sich für den Schluss anbietet, hängt von Ihrem Text ab. Sie können

- eine Forderung aufstellen, die sich aus Ihren Darlegungen ergibt
- eine Problemlösung aufzeigen
- die Situation in Ihrem Heimatland mit der in Deutschland vergleichen.

Ü 29

Formulieren Sie jeweils einen Schluss zu Ihren Texten von Ü 28. Entscheiden Sie sich für unterschiedliche Möglichkeiten.

A6 Anwendungsaufgabe

Verfassen Sie einen Schluss zu Ihrem Text „Soll der Fremdsprachenunterricht bereits in der Grundschule einsetzen?"

Modelltest — Schriftlicher Ausdruck

Modelltest zum Prüfungsteil „Schriftlicher Ausdruck"

1. Bearbeiten Sie den nachfolgenden Prüfungsteil „Schriftlicher Ausdruck" unter Prüfungsbedingungen. Das bedeutet, dass Sie kein Wörterbuch benutzen und den Text innerhalb von 60 Minuten verfassen sollten.

2. Überprüfen Sie anschließend Ihren Text mithilfe der folgenden Fragen und überarbeiten Sie ihn gegebenenfalls noch einmal:

   - Ist die Einleitung so abgefasst, dass der Leser versteht, worum es im Text geht?
   - Ist der Text der Aufgabenstellung entsprechend gegliedert (Einleitung, Grafikbeschreibung, Argumentation)?
   - Sind die einzelnen Abschnitte in sich stimmig?
   - Gibt es sinnvolle Überleitungen zwischen den einzelnen Abschnitten?
   - Hat der Text eine Zusammenfassung?
   - Hat der Text einen sinnvollen Schluss?
   - Geben Sie Ihren Text einem Lernpartner / einer Lernpartnerin oder einem Muttersprachler / einer Muttersprachlerin. Bitten Sie diese, den Text durchzulesen und Stellen, die unverständlich oder fehlerhaft sind, zu markieren. Besprechen Sie – wenn möglich – mit ihnen Ihren Text.

Schriftlicher Ausdruck — **Modelltest**

Thema: Finanzierung des Studiums

60 min.

Die Lebensverhältnisse der Studenten in Deutschland haben sich verändert. Früher war der Student, der ausschließlich studierte, die Regel. Heutzutage jedoch arbeiten sehr viele Studenten neben dem Studium.

Schreiben Sie einen Text zum Thema „Finanzierung des Studiums".

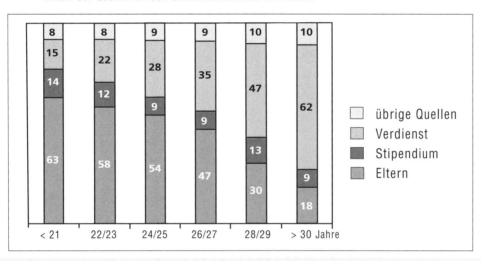

Quelle: Deutsches Studentenwerk. 16. Sozialerhebung 2001

Beschreiben Sie
- wie deutsche Studenten ihr Studium finanzieren
- wie sich die Zusammensetzung der Einnahmen verändert.

Die Erwerbstätigkeit der Studierenden führt u.a. dazu, dass sich die durchschnittliche Studiendauer verlängert. Deshalb wird zur Zeit die Frage diskutiert:

Soll der Staat ein kostenloses Darlehen für das letzte Studienjahr gewähren, damit Studierende sich auf ihr Examen konzentrieren können?

- Geben Sie die Ausgangslage und Frage mit eigenen Worten wieder.
- Nehmen Sie zu der Frage Stellung und begründen Sie Ihre Stellungnahme.
- Gehen Sie auch auf die Situation in Ihrem Heimatland ein.

Training — Mündlicher Ausdruck

1 Einführung in den Prüfungsteil

Ein Studienaufenthalt in Deutschland stellt viele verschiedene Anforderungen an Ihre mündliche Kommunikationsfähigkeit: Sie unterhalten sich mit Kommilitoninnen und Kommilitonen, sprechen mit Professorinnen und Professoren, Sie suchen Behörden und Verwaltungen auf und nehmen an Lehrveranstaltungen in der Hochschule teil. Dabei müssen Sie Ihre Ausdrucksweise immer dem Gesprächspartner / der Gesprächspartnerin und der Situation anpassen.

Der Prüfungsteil „Mündlicher Ausdruck" überprüft, inwieweit Sie in der Lage sind, solch unterschiedliche Situationen sprachlich angemessen zu bewältigen. Sie sind daher aufgefordert, insgesamt sieben Aufgaben zu lösen, in denen diverse Sprechsituationen aus dem Hochschulalltag simuliert werden. So sollen Sie beispielsweise Informationen einholen, über Zusammenhänge in Ihrem Heimatland berichten, zu einem Problem Stellung nehmen oder jemandem einen Rat geben. Der Prüfungsteil „Mündlicher Ausdruck" dauert insgesamt 30 Minuten.

Die Form der mündlichen Prüfung ist für Sie vermutlich neu. Es ist kein Gespräch zwischen Prüfern und Prüfungskandidat, sondern die Prüfung findet meist in einem Sprachlabor statt. Dort bekommen Sie ein Aufgabenheft und sitzen vor einem Aufnahmegerät. Alle Aufgaben und Anweisungen hören Sie von einem (zentralen) Abspielgerät. In einigen Testzentren haben Sie die Möglichkeit, die Prüfung am Computer abzulegen. Während Sie die Aufgaben hören, können Sie diese gleichzeitig im Aufgabenheft mitlesen und sich Notizen machen. Ihre Antworten richten Sie also nicht an eine Ihnen gegenüber sitzende Person, sondern Sie sprechen sie in ein Mikrofon.

Der Prüfungsteil „Mündlicher Ausdruck" ist folgendermaßen aufgebaut:

Aufgaben-Nr.	Sprechhandlungen
1	Informationen einholen
2	über etwas berichten / etwas beschreiben / einen Sachverhalt darstellen
3	Informationen, die in einer Grafik enthalten sind, vortragen
4	Stellung nehmen / Stellungnahme begründen / Vor- und Nachteile abwägen
5	Stellung nehmen / Vor- und Nachteile aufzeigen / Alternativen abwägen / Rat geben
6	Hypothesen anhand von Informationen einer Grafik entwickeln und vortragen
7	Rat geben und begründen / die eigene Meinung darlegen

Mündlicher Ausdruck *Training*

Ü1

Machen Sie sich mit der „Anleitung zum Mündlichen Ausdruck" vertraut. Den Anleitungstext finden Sie auf der CD 2. Hören Sie den Text und lesen Sie ihn gleichzeitig mit.

Starten Sie nun die CD, hören Sie zu und ergänzen Sie die Lücken.

Im Prüfungsteil „Mündlicher Ausdruck" sollen Sie zeigen, wie gut Sie Deutsch sprechen.
Dieser Teil besteht aus insgesamt _____ Aufgaben, in denen Ihnen unterschiedliche Situationen aus dem Universitätsleben vorgestellt werden. Sie sollen sich zum Beispiel informieren, Auskunft geben oder Ihre Meinung sagen.
Jede Aufgabe besteht aus zwei Teilen: Im ersten Teil wird die _____ beschrieben, in der Sie sich befinden, und es wird gesagt, was Sie tun sollen. Danach haben Sie Zeit, sich darauf vorzubereiten, was Sie sagen möchten. Im zweiten Teil der Aufgabe spricht „Ihr Gesprächspartner" oder „Ihre Gesprächspartnerin". Bitte hören Sie gut zu und antworten Sie dann.

Zu jeder Aufgabe gibt es zwei Zeitangaben: es gibt eine „Vorbereitungszeit" und eine „Sprechzeit".
Die „Vorbereitungszeit" gibt Ihnen Zeit zum _____, z.B. eine halbe Minute, eine ganze Minute, bis zu drei Minuten.

Sie: Vorbereitungszeit

In dieser Zeit können Sie sich in Ihrem Aufgabenheft _____ machen.

Nach der „Vorbereitungszeit" hören Sie „Ihren Gesprächspartner" oder „Ihre Gesprächspartnerin", danach sollen Sie _____. Dafür haben Sie je nach Aufgabe zwischen einer halben Minute und zwei Minuten Zeit.

Sie: Sprechzeit:

Es ist wichtig, dass Sie die Aufgabenstellung berücksichtigen und auf das _____ eingehen. Wenn Sie dazu aufgefordert werden, sagen Sie, was Sie zum Thema denken. Bewertet wird nicht, welche Meinung Sie dazu haben, sondern wie Sie Ihre Gedanken formulieren.
Die Angabe der Sprechzeit bedeutet nicht, dass Sie so lange sprechen _____. Sagen Sie, was Sie sich überlegt haben. Hören Sie ruhig auf, wenn Sie meinen, dass Sie genug gesagt haben. Wenn die vorgesehene Zeit für Ihre Antwort nicht reicht, dann ist das _____. Für die Bewertung Ihrer Antwort ist es nicht wichtig, ob Sie Ihren Satz ganz fertig gesprochen haben. Es ist aber auch nicht notwendig, dass Sie nach dem Signalton sofort aufhören zu sprechen.

Ihre Antworten werden aufgenommen. Bitte sprechen Sie deshalb _____ und _____.

Vielen Dank.

Beispiel für eine Aufgabe im Prüfungsteil „Mündlicher Ausdruck"

Alle Aufgaben im Prüfungsteil „Mündlicher Ausdruck" sind nach dem gleichen Prinzip aufgebaut und bestehen aus folgenden Komponenten:

1. Aufgabennummer
2. Sprechsituation
3. Aufgabenstellung
4. Vorbereitungszeit
5. Gesprächspartner/-in
6. Sprechzeit
7. Abbildungen / Schaubilder / Grafiken

Training — Mündlicher Ausdruck

Ü2

Im Folgenden finden Sie ein Beispiel für eine Aufgabe. Bitte lesen Sie diese Aufgabe durch, ohne sie zu bearbeiten.

Aufgabe 3

Sie besuchen einen Deutschkurs an Ihrer deutschen Hochschule. In der heutigen Stunde behandeln Sie das Thema „Ausbildung von Mädchen weltweit". Ihr Dozent, Herr Dr. Leonhardt, hat dazu eine Grafik mitgebracht und bittet Sie, diese zu erläutern.

**Beschreiben Sie den Aufbau der Grafik.
Fassen Sie dann die Informationen der Grafik zusammen.**

Sie: (1 Min.)
Vorbereitungszeit:

Herr Dr. Leonhardt: ...

Sie: (1 Min. 30 Sek.)
Sprechzeit:

Globus Infografik, Hamburg, 2.1.01

Ü3

Lesen Sie auf der folgenden Seite die Informationen zu den einzelnen Abschnitten **1** bis **7** dieser Beispielaufgabe. Diese Komponenten gelten auch für alle anderen Aufgaben im Prüfungsteil „Mündlicher Ausdruck".

Mündlicher Ausdruck — *Training*

Einführung in den Prüfungsteil „Mündlicher Ausdruck"

1 Aufgabennummer
Zu Beginn jeder Aufgabe wird angegeben, welche Nummer sie hat.

2 Sprechsituation
Jede Aufgabe bezieht sich auf eine typische studentische Situation. Die Situationsbeschreibung enthält die Angaben zu Ort (z.B. Mensa), Gesprächsteilnehmern (z.B. Mitstudent/innen) und Thema (z.B. Praktikum). Die Faktoren Ort, Teilnehmer und Thema bestimmen, welche sprachlichen Mittel der jeweiligen Situation angemessen sind. In einem Zweiergespräch redet man anders, als wenn man sich an eine größere Zuhörerschaft wendet. Wenn Sie einen Kommilitonen als Gesprächspartner haben, wählen Sie andere sprachliche Mittel aus, als wenn Sie mit einem Ihrer Professoren sprechen. Achten Sie deshalb genau auf die einzelnen Faktoren der Sprechsituation und stimmen Sie Ihre Äußerung darauf ab.

3 Aufgabenstellung
Auf die Beschreibung der Sprechsituation folgt die detaillierte Aufgabenstellung. Sie gibt an, welche Sprechhandlung Sie vornehmen sollen (z.B. informieren, beschreiben, Stellung nehmen). Darüber hinaus werden einzelne Punkte genannt, auf die Sie inhaltlich eingehen sollen.

4 Vorbereitungszeit
Nachdem Sie die Aufgabenstellung gelesen und gehört haben, haben Sie Zeit, sich Ihre Antwort zu überlegen. Während dieser Vorbereitungszeit ist auf den Tonmaterialien nichts zu hören. Im Aufgabenheft ist die Vorbereitungszeit durch eine Wolke symbolisiert. Darin ist die Länge der Vorbereitungszeit angegeben: Je nach Aufgabe variiert sie zwischen 30 Sekunden und 3 Minuten. Während der Vorbereitungszeit können Sie sich Stichworte für Ihre Antwort in das Aufgabenheft notieren.

5 Gesprächspartner/in
Die Vorbereitungszeit ist beendet, wenn der Gesprächspartner / die Gesprächspartnerin auf den Tonmaterialien das Wort an Sie richtet. Dieser Stimulus ist durch eine Sprechblase symbolisiert, neben der ein Name steht. Die Äußerung selbst ist nicht im Aufgabenheft abgedruckt.

6 Sprechzeit
Unmittelbar nachdem sich Ihr Gesprächspartner / Ihre Gesprächspartnerin an Sie gewendet hat, sollen Sie sprechen. Ihre Sprechzeit ist durch eine zweite Sprechblase symbolisiert. Darin ist angegeben, wie viel Zeit Sie für Ihre Antwort haben. Je nach Aufgabe variiert sie von 30 Sekunden bis 2 Minuten. Fünf Sekunden vor Ende der Sprechzeit hören Sie einen leisen Signalton. Brechen Sie bei diesem Ton Ihre Äußerung nicht ab, sondern sprechen Sie Ihren Satz zu Ende. Konzentrieren Sie sich dann auf die nächste Aufgabe, auch wenn Sie noch nicht alles gesagt haben, was Sie sagen wollten.

7 Abbildungen
Die Aufgaben 3 und 6 enthalten zusätzlich Grafiken. In Aufgabe 3 sollen Sie die Informationen, die in der Grafik enthalten sind, zusammenfassen, in Aufgabe 6 sollen Sie auf der Basis der Daten, die in der Grafik gegeben werden, Hypothesen entwickeln.

Ü4
Hören Sie nun den Text zur Beispielaufgabe auf S. 70. Sie hören, was Ihr Gesprächspartner (Herr Dr. Leonhardt) sagt, und dann ein Beispiel für die geforderte Beschreibung / Zusammenfassung der Daten.

Training — Mündlicher Ausdruck

 Hinweise zur Arbeit mit diesem Trainingsteil „Mündlicher Ausdruck"

Sie haben nun ein Musterbeispiel und eine Musterlösung für eine Aufgabe des Prüfungsteils „Mündlicher Ausdruck" kennen gelernt. Im Folgenden werden Sie Schritt für Schritt auf diesen Prüfungsteil vorbereitet.

1. Für jede der sieben Aufgaben wird zunächst beschrieben, was von Ihnen verlangt wird.
2. Dann folgen mehrere Übungen, in denen Sie auf die Anforderungen der jeweiligen Aufgabe vorbereitet werden.
3. Darauf folgt jeweils eine Anwendungsaufgabe, die in Aufbau und Anforderungen den Aufgaben der TestDaF-Prüfung entspricht. Alle Anwendungsaufgaben finden Sie auch auf der CD.

Bevor Sie eine Anwendungsaufgabe bearbeiten, sollten Sie sich ein Abspielgerät bereit stellen und die CD einlegen. Schlagen Sie die Anwendungsaufgabe im Trainingsbuch auf und starten Sie die CD. Nach dem Redebeitrag Ihres Gesprächspartners/ Ihrer Gesprächspartnerin antworten Sie. Dafür ist auf der CD eine Pause mit der für die jeweilige Aufgabe entsprechenden Sprechzeit vorgesehen. Nach jeder Anwendungsaufgabe folgt auf der CD eine Musterlösung.
Wenn Sie wollen, können Sie Ihre Antwort jeweils auf einem zweiten Aufnahmegerät aufnehmen und anschließend mit der Musterlösung vergleichen.

Wichtiger als grammatische Korrektheit ist, dass Sie möglichst flüssig sprechen, Ihre Äußerung der Situation und dem Gesprächspartner angemessen ist und Sie die geforderten Sprechhandlungen ausführen, z.B. dass Sie in Aufgabe 3 (vgl. S. 75 ff.) den Aufbau der vorgelegten Grafik tatsächlich auch <u>beschreiben</u> und die Informationen <u>zusammenfassen</u> – und nicht etwa kommentieren.

 ## Mündlicher Ausdruck, Aufgabe 1

In der ersten Aufgabe wird eine Situation simuliert, in der Sie bei einer deutschen Behörde oder Institution Informationen einholen. Das Gespräch erfolgt telefonisch. Ihr Gesprächspartner ist ein Mitarbeiter dieser Behörde / Institution, den Sie nicht kennen. Am Telefon meldet sich Ihr Gesprächspartner mit dem Namen der Institution, dem eigenen Namen und einer Begrüßung. Sie reagieren darauf, indem Sie zunächst den Gruß erwidern, Ihren Namen nennen und eventuell sagen, woher Sie anrufen. Danach schildern Sie kurz Ihr Anliegen.

Es gibt verschiedene Möglichkeiten, ein solches Telefonat zu eröffnen. Kreuzen Sie in der rechten Spalte die Repliken an, die in dieser Situation angemessen sind.

○ Deutscher Akademischer Austauschdienst, Maier, guten Tag.	❏ Hallo, ich bin John. Ich möchte …
	❏ Guten Tag, ich möchte mich nach der Möglichkeit von Stipendien erkundigen.
	❏ Guten Tag. Hier ist Pedro Sanchez. Ich möchte …
	❏ Guten Tag, mein Name ist Lu Lihua. Ich rufe aus China an. Ich möchte …
	❏ Ja, ich habe da eine Frage.
	❏ Guten Tag, Herr Maier, hier Elena Smirnoff aus Moskau. Ich möchte …
	❏ Hier spricht Herr Tanaka. Ich möchte …

Mündlicher Ausdruck _____ **Training**

Ü6

Lesen Sie den folgenden Ausschnitt aus einer Situationsbeschreibung:

> *Sie möchten sich beim Deutschen Akademischen Austauschdienst nach der Möglichkeit eines Stipendiums erkundigen und bitten um Informationsmaterial.*

a) Bereiten Sie nun ein Telefonat vor, in dem Sie sich nach Informationsmaterial erkundigen. Formulieren Sie Ihr Anliegen zunächst schriftlich.

Achten Sie darauf, dass Sie
- die richtige Perspektive einnehmen (Ich-Perspektive)
- die Formulierung aus der Situationsbeschreibung variieren.

b) Tragen Sie dann Ihre telefonische Anfrage einem Lernpartner / einer Lernpartnerin vor.

A1 Anwendungsaufgabe

Bearbeiten Sie die folgende Aufgabe. Hören Sie dazu die CD.

Aufgabe 1
Sie interessieren sich für ein Studium an der Kunsthochschule für Medien in Köln. Sie rufen im Studentensekretariat der Hochschule an und erkundigen sich nach der Möglichkeit eines Studiums.

**Stellen Sie sich vor.
Sagen Sie, warum Sie anrufen.
Fragen Sie nach den Studienbedingungen.**

Sie:
Vorbereitungszeit:

Frau Schmitt:

Sie:
Sprechzeit:

Training — Mündlicher Ausdruck

3 Mündlicher Ausdruck, Aufgabe 2

In Aufgabe 2 wird eine informelle Situation beschrieben, in der Sie mit deutschen Studenten zusammentreffen, z.B. in einem Wohnheim. Die Unterhaltung dreht sich um alltägliche Dinge. Sie werden zu verschiedenen Themen befragt und sollen Informationen zu Ihrem Heimatland geben, z.B. zu Schulfächern oder den Voraussetzungen für ein Studium.

Ü7

Überlegen Sie, was Sie zu folgenden Themen aus Ihrem Heimatland berichten könnten. Halten Sie Ihre Überlegungen in Form von Stichworten fest.

1. Welche Unterrichtsfächer gibt es in der Schule?
2. Wie sieht ein durchschnittlicher Schultag aus?
3. Wie sieht der Ablauf des Schuljahres aus?
4. Welche Voraussetzungen muss man für die Aufnahme eines Studiums erfüllen?
5. Welche Freizeitaktivitäten haben junge Leute?
6. Welche Rechte hat man im Alter von 16, 18 und 20 Jahren?

Ü8

Formulieren Sie zu den Themen 1 – 6 einen kurzen Bericht. Tragen Sie diesen Bericht jeweils einem Lernpartner / einer Lernpartnerin vor.

A2 Anwendungsaufgabe

Bearbeiten Sie die folgende Aufgabe. Hören Sie dazu die CD.

Aufgabe 2
Sie sitzen mit einigen Mitstudenten in der Küche des Wohnheims. Sie unterhalten sich darüber, was sie am kommenden Wochenende unternehmen wollen. Klaus, einer Ihrer Mitstudenten, möchte wissen, was die jungen Leute in Ihrem Heimatland in ihrer Freizeit machen.

Informieren Sie Klaus darüber,
- welche Freizeitmöglichkeiten es in Ihrem Heimatland gibt,
- was Sie persönlich gern in Ihrer Freizeit machen.

Sie:
Vorbereitungszeit:

Klaus:

Sie:
Sprechzeit:

Mündlicher Ausdruck **Training**

Mündlicher Ausdruck, Aufgabe 3

In dieser Aufgabe wird Ihnen eine Grafik vorgelegt. Sie sind aufgefordert, die Informationen der Grafik zu versprachlichen. Bei der Beschreibung der Grafik ist es wichtig, dass Sie – ähnlich wie bei den Aufgaben zum „Schriftlichen Ausdruck" – die Daten in möglichst strukturierter Form wiedergeben. Das heißt, Sie sollten darauf verzichten, jedes einzelne Detail aufzuzählen. Besser ist es, die wichtigsten Daten zusammenzufassen und einen Gesamtüberblick zu vermitteln.

Während der Vorbereitungszeit sollten Sie Ihre Aufmerksamkeit auf folgende Punkte richten:

1. Welches Thema wird behandelt? Sehen Sie sich dazu Titel und Untertitel der Grafik an.
2. Welche Daten stellt die Grafik dar? Was kann man zueinander in Beziehung setzen?
3. Welche Maßeinheiten (Prozent, absolute Zahlen, Jahresangaben usw.) werden verwendet?
4. Gibt es Auffälligkeiten, Trends bei den dargestellten Daten?

Bereiten Sie sich auf die Beschreibung der nachstehenden Grafiken vor. Füllen Sie dazu jeweils das dazugehörige Raster mit Stichworten aus.

1.
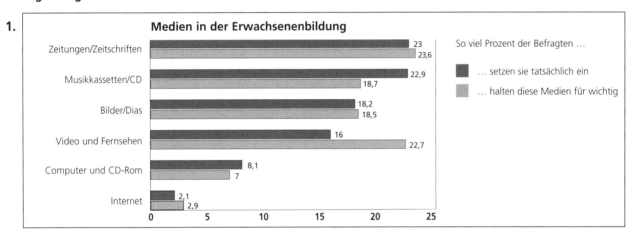

nach: iwd, Informationsdienst des Instituts der deutschen Wirtschaft, Nr. 11/2001

Thema	
Daten	
Maßeinheiten	*Prozentangaben*
Auffälligkeiten	

Training — Mündlicher Ausdruck

4 2.

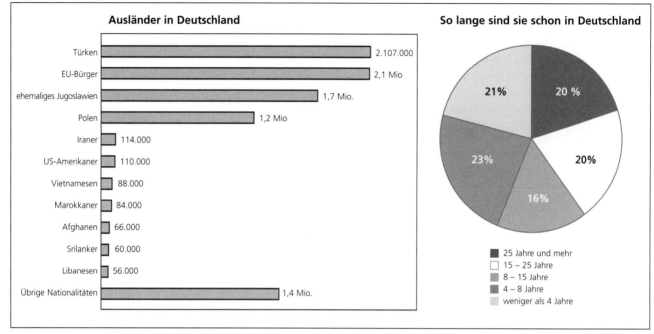

nach: Globus Infografik Hamburg, Oktober 1998

Thema	
Daten	
Maßeinheiten	
Auffälligkeiten	

Ü10

Formulieren Sie nun den Beginn Ihrer Beschreibungen der beiden Grafiken. Berücksichtigen Sie dabei Titel und Untertitel der Grafiken. Verwenden Sie einige der unten aufgeführten Redemittel.

- Bei dieser Grafik geht es um ...
- Die Grafik zeigt ...
- Thema der vorliegenden Grafik ist ...
- Die vorliegende Grafik beschäftigt sich mit ...
- In der vorliegenden Grafik ist ... abgebildet.

- Die Grafik stellt ... dar.
- In der vorliegenden Grafik sehen wir ...
- In der Grafik kann man sehen ...
- Die Grafik veranschaulicht ...

Mündlicher Ausdruck _____ *Training*

Ü11

Sehen Sie sich die nachstehende Grafik an. Versuchen Sie die folgenden Fragen zu beantworten. Notieren Sie Stichworte.

1. Zeitlicher Verlauf: Lässt sich eine Trendaussage treffen?
2. Wie ist die Verteilung der Daten? Sehr unterschiedlich oder eher gleichmäßig?
3. Gibt es Extremwerte? Wo liegen sie im oberen bzw. im unteren Bereich?
4. Vergleich von Daten: Wo kann man Übereinstimmungen feststellen? Wo liegen die Unterschiede?

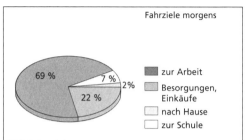

nach: Alptraum Auto, Raben Verlag, München 1986

Ü12

Beschreiben Sie einem Lernpartner / einer Lernpartnerin die Grafik „Verteilung des Verkehrs". Berücksichtigen Sie dabei die in den Übungen 9 – 11 trainierten Schritte und die angegebenen Redemittel.

A₃ Anwendungsaufgabe

Bearbeiten Sie die folgende Aufgabe. Hören Sie dazu die CD.

Aufgabe 3

Sie besuchen einen Deutschkurs am Studienkolleg. Thema der heutigen Stunde ist die Entwicklung der Wirtschaftssektoren. Ihr Dozent, Herr Dr. Baum, hat zu diesem Thema eine Grafik verteilt und bittet Sie, diese zu erläutern.

**Beschreiben Sie zunächst den Aufbau der Grafik.
Fassen Sie dann die Informationen der Grafik zusammen.**

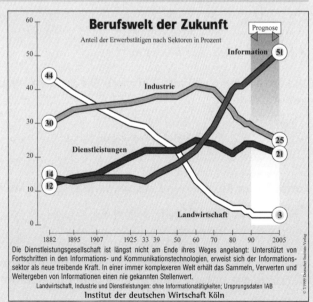

Wirtschaft und Unterricht, Nr. 25/1999, Deutscher Instituts-Verlag Köln

Training — Mündlicher Ausdruck

Mündlicher Ausdruck, Aufgabe 4

In der vierten Aufgabe wird eine eher formelle Situation abgebildet. Ihr Gesprächspartner / Ihre Gesprächspartnerin ist in der Regel eine Ihnen übergeordnete Person, z.B. ein Professor oder eine Professorin. Sie werden im Rahmen einer größeren Runde, z.B. während einer Diskussionsveranstaltung in der Hochschule, aufgefordert, zu einem Sachverhalt Stellung zu nehmen und Ihre Stellungnahme sachlich zu begründen. Das bedeutet, dass Sie nicht nur eine persönliche Wertung abgeben, sondern dass Sie Ihre Position mit Argumenten untermauern sollen.

Ü 13

Bitte überlegen Sie zur folgenden Diskussionsfrage, welche Argumente dafür, welche dagegen sprechen. Notieren Sie Stichworte.

„Seit Jahren sinkt in Deutschland die Zahl der Familien mit mehr als zwei Kindern. Halten Sie dies für eine positive oder eine negative Entwicklung?"

positiv	negativ

Ü 14

Ihre Stellungnahme können Sie nach folgendem Schema gliedern:

1. Formulieren Sie Argumente dafür und begründen Sie diese.
2. Formulieren Sie mögliche Gegenargumente und begründen Sie diese.
3. Wägen Sie die Argumente gegeneinander ab und begründen Sie dann die eigene Position.
4. Sie können die Argumentation auch anders aufbauen. Sehen Sie sich dazu im Kapitel „Schriftlicher Ausdruck" S.65 noch einmal „Reihung von Argumenten" und Ü26, Ü27 und Ü28 an. Formulieren Sie nun Ihre Argumentation nach einem anderen Schema.

a) Lesen Sie die folgenden Redemittel. Kreuzen Sie diejenigen Wendungen an, die zur Einleitung einer Stellungnahme in einem formellen Kontext geeignet sind.

- Ich denke / finde / meine / glaube, dass ... ☐
- Ich finde das [+ Adjektiv] ☐
- Ich glaube / meine, das ist [+ Adjektiv] ☐
- Meiner Ansicht / Meinung nach ... ☐
- Naja, wenn Sie mich so fragen ... ☐
- Ich bin der Ansicht / Meinung, dass ... ☐
- Ich stehe auf dem Standpunkt, dass ... ☐
- Ich vertrete die Auffassung, dass ... ☐
- Hm, da muss ich mal nachdenken ... ☐
- Also, an sich ist das so ... ☐
- Ich bin dafür / dagegen, dass ... ☐
- Mir scheint, dass ... ☐

b) Die folgenden Redemittel können Sie zur Einführung von Argumenten und Gegenargumenten verwenden:

- Dafür / Dagegen spricht, dass ...
- Dafür / Dagegen lässt sich folgendes Argument anführen ...
- Dafür / Dagegen gibt es folgende Argumente ...
- Einerseits ... andererseits ....
- Man muss auch berücksichtigen, dass ...

c) Formulieren Sie nun eine zusammenhängende Stellungnahme zur Diskussionsfrage

„Seit Jahren sinkt in Deutschland die Zahl der Familien mit mehr als zwei Kindern. Halten Sie dies für eine positive oder eine negative Entwicklung?"

Gliedern Sie Ihre Argumentation nach dem angegebenen Schema. Verwenden Sie die Argumente aus Ü 13 und die unter a) und b) angegebenen Redemittel.

Tragen Sie Ihre Argumentation einem Lernpartner / einer Lernpartnerin vor.

Mündlicher Ausdruck — *Training*

Ü 15

Bearbeiten Sie folgende Diskussionsfrage:

„Welche Argumente sprechen für, welche gegen Schuluniformen?"

a) Schreiben Sie zunächst die Argumente in Stichworten auf.

Argumente dafür	Argumente dagegen

b) Lesen Sie die nachstehende Situationsbeschreibung.

> In Deutschland wird derzeit diskutiert, ob es sinnvoll ist, Schuluniformen einzuführen. Die Fragestellung wird im Rahmen eines Pädagogikseminars aufgegriffen. Die Seminarleiterin, Frau Professor Kunze, fordert Sie auf, zu dieser Frage Stellung zu nehmen.
> Frau Prof. Kunze: „Was meinen Sie: Sollten Schuluniformen eingeführt werden oder nicht?"

c) Formulieren Sie eine zusammenhängende Stellungnahme. Gliedern Sie sie möglichst nach dem in Ü 14 angegebenen Schema.

d) Tragen Sie Ihre Argumentation einem Lernpartner / einer Lernpartnerin vor.

A4 Anwendungsaufgabe

Bearbeiten Sie die folgende Aufgabe. Hören Sie dazu die CD.

Aufgabe 4
An Ihrer deutschen Hochschule findet eine öffentliche Diskussionsveranstaltung zu dem Thema „Studiengebühren – ja oder nein?" statt. Es wird darüber debattiert, ob das Studium in Zukunft kostenlos bleiben soll oder nicht. Auch Sie möchten sich dazu äußern. Der Diskussionsleiter, Herr Dr. Ebert, erteilt Ihnen das Wort.

Nehmen Sie Stellung zu dieser Diskussionsfrage:
- Wägen Sie die Vor- und Nachteile von Studiengebühren ab.
- Begründen Sie Ihre Zustimmung oder Ablehnung.

Sie: (3 Min.)
Vorbereitungszeit:

Herr Dr. Ebert: ...

Sie: (2 Min.)
Sprechzeit:

Training — Mündlicher Ausdruck

Mündlicher Ausdruck, Aufgabe 5

In Aufgabe 5 werden Sie aufgefordert, zu einem Problem eines Freundes / einer Freundin Stellung zu nehmen. Er/Sie muss sich zwischen zwei Möglichkeiten entscheiden. Sie sollen ihm/ihr raten, welche der angegebenen Alternativen er/sie wählen soll. Es ist wichtig, dass Sie Ihren Ratschlag sachlich begründen. Dazu können Sie für jede der gegebenen Alternativen die Vorteile sowie die Nachteile anführren. Oder gehen Sie auf die Vorteile der von Ihnen bevorzugten Alternative ein und weisen auf die Nachteile der anderen Alternative hin.

Sehen Sie sich den nachfolgenden Sachverhalt an. Notieren Sie in Stichworten Vor- und Nachteile zu jeder der Alternativen.

Werner, ein früherer Zimmernachbar aus dem Studentenheim, hat seine Magisterprüfung in Germanistik mit einer sehr guten Note abgeschlossen und überlegt, was er in Zukunft machen sollte. Er hat zwei interessante Angebote bekommen: Für zwei Jahre als Deutschlektor an einer ausländischen Hochschule zu arbeiten oder im Rahmen eines Forschungsprojektes bei seinem deutschen Professor eine Doktorarbeit zu schreiben.

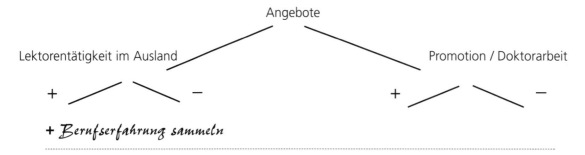

Verknüpfen Sie die beiden folgenden Argumente auf unterschiedliche Weise. Verwenden Sie dazu die darunter aufgeführten sprachlichen Mittel.

– Bei einer Lektorentätigkeit sammelt man praktische Berufserfahrungen.
– Ein Promotionsstudium ist eher theoretisch ausgerichtet.

> aber, jedoch, hingegen, während, dagegen, im Gegensatz dazu, indessen, wohingegen

Bilden Sie aus den Stichworten in Ü 16 vollständige Sätze. Verknüpfen Sie diese auf unterschiedliche Weise miteinander.

Nachdem Sie einige Vor- und Nachteile aufgeführt haben, sollten Sie diese gegeneinander abwägen. Dazu können Sie die folgenden Redemittel verwenden:

- In meinen Augen überwiegen die Vorteile von … .
- Insgesamt überwiegen die Argumente für … .
- Angesichts der Vorteile / Nachteile von … würde ich mich für/gegen … entscheiden.
- Wenn ich die Vorteile von … mit den Vorteilen von … vergleiche, dann finde ich … besser.
- … hat zu viele Nachteile, deshalb ziehe ich … vor.

Mündlicher Ausdruck — *Training*

Ü20
Sie sollen in dieser Aufgabe einen Ratschlag formulieren. Welche sprachlichen Mittel können Sie dafür verwenden? Machen Sie eine Liste.

Ü21
Formulieren Sie Ihren Ratschlag für Werner und begründen Sie ihn. Gehen Sie dabei auf die Vor- und Nachteile der alternativen Angebote ein. Tragen Sie dies einem Lernpartner / einer Lernpartnerin vor.

A5 Anwendungsaufgabe

Bearbeiten Sie die folgende Aufgabe. Hören Sie dazu die CD.

Aufgabe 5
Nathalie, Ihre Nachbarin im Studentenwohnheim, hat die Möglichkeit, während des Wintersemesters ein sechswöchiges Praktikum im Ausland zu machen. Dann muss sie sich aber beurlauben lassen und ein Semester länger studieren. Sie überlegt, ob sie das Praktikum antreten soll oder ob sie erst ihr Studium beenden und dann ins Ausland gehen soll.

Geben Sie Nathalie einen Ratschlag:
- Wägen Sie die Vor- und Nachteile der beiden Möglichkeiten ab.
- Begründen Sie Ihren Rat.

Sie:
Vorbereitungszeit: 2 Min.

Nathalie: ...

Sie:
Sprechzeit: 1 Min. 30 Sek.

Training — Mündlicher Ausdruck

Mündlicher Ausdruck, Aufgabe 6

In dieser Aufgabe wird von Ihnen verlangt, dass Sie Hypothesen bilden. Dazu wird Ihnen eine Grafik vorgelegt, die in der Regel einen zeitlichen Verlauf darstellt. Zum einen sollen Sie Vermutungen dazu äußern, welche Ursachen der abgebildeten Entwicklung zugrunde liegen könnten. Zum anderen sollen Sie Vermutungen darüber anstellen, wie diese Entwicklung weitergehen oder welche Folgen die Entwicklung haben könnte. Die Aufgabenstellung verlangt von Ihnen auch, dass Sie Ihre Vermutungen begründen. Im Gegensatz zu Aufgabe 3 wird von Ihnen hier nicht die ausführliche Beschreibung der Grafik verlangt.

Während der Vorbereitungszeit sollten Sie Ihre Aufmerksamkeit auf folgende Punkte richten:

1. Machen Sie sich klar, um welchen Sachverhalt es in der Grafik geht: Thema, Maßeinheiten, zeitlicher Verlauf.
2. Überlegen Sie sich Gründe für die in der Grafik dargestellte Entwicklung.
3. Überlegen Sie sich, wie die Entwicklung in der Zukunft aussehen könnte.
4. Begründen Sie Ihre Prognose.

Machen Sie sich mit der Grafik vertraut.

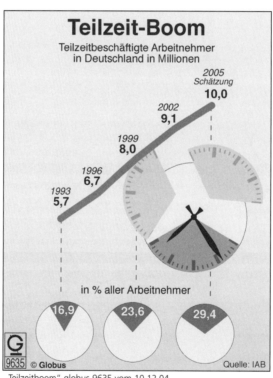

„Teilzeitboom" globus 9635 vom 10.12.04

a) Füllen Sie dazu das unten stehende Raster mit Stichworten aus.

Titel	
Abgebildete Daten / Einheiten	
a)	
b)	
c)	

Mündlicher Ausdruck — **Training**

b) Fassen Sie in einem Satz zusammen, welchen Sachverhalt die Grafik darstellt. Benutzen Sie dazu Redemittel aus der Übung 10, S.76.

Ü 23

Sehen Sie sich den zeitlichen Verlauf der Kurve an.

Ordnen Sie die unten stehenden Aussagen den Stichworten zu.

Anfangswerte	Beispiel: 1993 sind 5,7 Millionen Arbeitnehmer teilzeitbeschäftigt.
Endwerte	
Trends	

1993 sind 5,7 Millionen Arbeitnehmer teilzeitbeschäftigt.
Die Teilzeitbeschäftigung beträgt 2005 schätzungsweise 10 Millionen Arbeitnehmer.
Im betrachteten Zeitraum ist ein kontinuierlicher Anstieg der Teilzeitbeschäftigung festzustellen.
Über den gesamten Zeitraum ist ein Anstieg der Teilzeitbeschäftigung zu verzeichnen.
Zu Beginn des betrachteten Zeitraums liegt der Anteil von Teilzeitbeschäftigten bei 5,7 %.

Ü 24

Formulieren Sie zu den Aussagen, die sich auf den Trend beziehen, Fragen nach den Gründen.

Beispiel: Weshalb gibt es zwischen 1993 und 2005 einen Anstieg der Teilzeitbeschäftigung?

Ü 25

Überlegen Sie sich mögliche Antworten zu den Fragen von Ü 24. Notieren Sie Stichworte.

Beispiel:
Frage: Weshalb gibt es zwischen 1993 und 2005 einen Anstieg der Teilzeitbeschäftigung?
Stichworte zur Antwort: Lieber teilzeitbeschäftigt als arbeitslos; weniger Vollzeit-Arbeitsplätze

Ü 26

Formulieren Sie vollständige Sätze, die Aussage und Begründung enthalten.

Am Beispiel aus Ü 25 sind einige Redemittel aufgeführt, die Sie zum Formulieren von Begründungen verwenden können:

Die Teilzeitbeschäftigung hat in den Jahren 1993 bis 2005 zugenommen, weil Arbeitnehmer eher eine Teilzeitstelle annehmen als arbeitslos zu werden.

Aus folgendem Grund / folgenden Gründen ist die Teilzeitbeschäftigung in den Jahren 1993 bis 2005 gestiegen: Die Arbeitnehmer ziehen eine Teilzeitstelle vor statt arbeitslos zu werden.

Der Anteil an Teilzeitbeschäftigung ist in den Jahren 1993 bis 2005 stark gestiegen. Der Grund dafür ist ein Rückgang an Vollzeitstellen.

Die Anzahl an Vollzeitstellen ist in den Jahren 1993 bis 2005 zurückgegangen. Der Anteil an Teilzeitstellen ist in dieser Zeit daher gestiegen.

Training — Mündlicher Ausdruck

 Die Gründe, die Sie jetzt für den Trend genannt haben, basieren auf Ihren Vermutungen, d.h. es ist fraglich, ob sie tatsächlich zutreffen. Sie sollten deshalb sprachlich deutlich machen, dass es sich nicht um Tatsachen, sondern um Ihre Annahmen handelt. Für die Bewertung Ihrer Antwort spielt es keine Rolle, ob Ihre Vermutungen richtig sind oder nicht.

Formulierung als Tatsache: *Die Teilzeitbeschäftigung hat in den Jahren 1993 bis 2005 zugenommen, weil die Anzahl an Vollzeitstellen zurückgegangen ist.*

Mit folgenden Redemitteln kann man ausdrücken, dass es sich nicht um eine Tatsache, sondern um eine Vermutung handelt.

Der Grund für den Anstieg der Teilzeitbeschäftigung ist *vermutlich / wohl / wahrscheinlich / mutmaßlich / möglicherweise* ein Rückgang an Vollzeitstellen.
Der Grund für den Anstieg der Teilzeitbeschäftigung *könnte* ein Rückgang an Vollzeitstellen *sein*.
Ich glaube / vermute / nehme an / denke / meine, dass der Grund für den Anstieg der Teilzeitbeschäftigung ein Rückgang an Vollzeitstellen ist.
Nach meiner Vermutung / Meinung / Ansicht ist der Anstieg der Teilzeitbeschäftigung durch eine Abnahme an Vollzeitstellen begründet.

27
Wandeln Sie Ihre Sätze aus Übung 26 mit den angegebenen Redemitteln in Vermutungen um.

Sie haben bis jetzt Hypothesen dazu formuliert, wie es zu der in der Grafik abgebildeten Entwicklung gekommen ist. Im nächsten Schritt sollen Sie Vermutungen anstellen, wie die Entwicklung weitergehen könnte. Es wird verlangt, dass Sie auch diese Vermutungen begründen.

28
Notieren Sie Stichworte zu folgenden Fragen.

a) Wie entwickelt sich nach Ihrer Meinung der Anteil an Teilzeitbeschäftigung in Deutschland in den nächsten Jahren? Wird sie zunehmen, abnehmen oder unverändert bleiben?

b) Wie begründen Sie Ihre Vermutungen?

	Zukünftige Entwicklung	Gründe
Teilzeitbeschäftigung	Beispiel: Weitere Zunahme	Beispiel: weiterer Stellenabbau

Diese Vermutungen beziehen sich auf eine zukünftige Entwicklung. Das muss auch sprachlich zum Ausdruck kommen. Dafür können Sie folgende Redemittel benutzen:

Allgemeine Redemittel, um Zukünftiges auszudrücken:
In der Zukunft wird ...   *Auf mittlere / lange Sicht wird ...*
Für die Zukunft kann man erwarten, dass ...   *In den nächsten Jahren wird ...*
Zukünftig / Kurzfristig / Mittelfristig / Langfristig wird ....

Redemittel für angenommene Trendentwicklungen:
Der Trend wird weitergehen / sich fortsetzen / anhalten / sich umkehren.
Es wird einen (starken / schwachen) Aufwärtstrend / Abwärtstrend geben.
Ich erwarte eine Stagnation.
Ich vermute, dass der derzeitige Wert sich nicht verändert / konstant bleibt / unverändert bleibt.

Mündlicher Ausdruck ──────────────────────────── ***Training***

Ü29
Formulieren Sie vollständige Sätze, die Ihre Hypothese für die Zukunft und die entsprechende Begründung enthalten. Denken Sie daran: Es handelt sich um Ihre Vermutungen. Das muss sprachlich deutlich werden.

Ü30
Sehen Sie sich die Grafik „Teilzeit-Boom" noch einmal an. Tragen Sie Ihrem Lernpartner / Ihrer Lernpartnerin folgende Punkte zusammenhängend vor:
- Welche Entwicklung wird dargestellt?
- Was könnten die Gründe für die Entwicklung sein?
- Wie sieht nach Ihrer Vermutung die zukünftige Entwicklung aus?
- Welche Gründe sprechen für Ihre Vermutungen?

A6 Anwendungsaufgabe

Bearbeiten Sie die folgende Aufgabe. Hören Sie dazu die CD.

Aufgabe 6
In einem Einführungsseminar zum Arbeitsmarkt geht es um den Wechsel des Arbeitsplatzes. Ihre Seminarleiterin, Frau Professor Roth, hat eine Grafik mitgebracht, die zeigt, wie häufig der Arbeitsplatz gewechselt wird. Frau Professor Roth bittet Sie, Ihre Überlegungen zu Gründen der bisherigen Entwicklung und zur zukünftigen Entwicklung vorzutragen.

- **Nennen Sie mögliche Gründe für die dargestellte Entwicklung.**
- **Stellen Sie dar, welche Entwicklung Sie für die Zukunft erwarten.**
- **Begründen Sie Ihre Überlegungen anhand der Grafik.**

Sie:
Vorbereitungszeit: 3 Min.

Frau Prof. Roth: ...

Sie:
Sprechzeit: 2 Min.

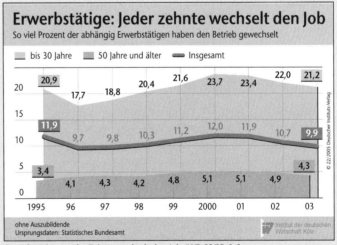

Erwerbstätige – Jeder Zehnte wechselt den Job. IWD 22/05, S. 3

Training — Mündlicher Ausdruck

8 Mündlicher Ausdruck, Aufgabe 7

In der Aufgabe 7 geht es darum, dass Sie zu bestimmten Sachverhalten Ihre persönliche Meinung äußern und diese begründen. Die Themen beziehen sich auf den persönlichen Erfahrungsbereich oder den studentischen Alltag. Sie sind außerdem aufgefordert, einem Freund / einer Freundin oder einem Mitstudenten / einer Mitstudentin einen Rat zu geben.

Ü 31

Welche Meinung haben Sie zu den Fragen 1 – 4? Notieren Sie sich Stichworte und unterscheiden Sie dabei zwischen Meinungsäußerung und Begründung.

1. Sollte man im Ausland studieren?
2. Sollte man regelmäßig Sport treiben?
3. Sollte man eine längere Mittagspause machen?
4. Sollte man als Student einen Führerschein haben?

	Meinung	Begründung
1.		
2.		
3.		
4.		

Redemittel, die Sie zum Ausdruck von Begründungen verwenden können:

- (Ich möchte im Ausland studieren / Ich finde, man sollte im Ausland studieren), denn ... / weil ...
- (Man sollte) aus folgenden Gründen (im Ausland studieren): Erstens ...
- [Argument] Daher / Deshalb / Aus diesem Grund ....
- (Man sollte im Ausland studieren). Der Grund dafür ist ... / Das ist nämlich so: ...

Ü 32

Schauen Sie sich noch einmal die Redemittel aus Ü 20 an. Formulieren Sie zu den vier Fragen von Ü 31 Ihre Ratschläge.

A7 Anwendungsaufgabe

Bearbeiten Sie die folgende Aufgabe. Hören Sie dazu die CD.

Aufgabe 7
Ihr Freund Paul möchte in den Semesterferien einen Englisch-Intensivkurs in London machen, will aber nicht so viel Geld für die Unterkunft ausgeben. Es gibt die Möglichkeit, in einer englischen Gastfamilie zu wohnen. Er fragt Sie nach Ihrer Meinung.

Sagen Sie Paul, ob Sie die Unterkunft in einer Gastfamilie für sinnvoll halten. Begründen Sie Ihre Meinung.

Sie: (1 Min.30 Sek.)
Vorbereitungszeit:

Sie: (1 Min.30 Sek.)
Sprechzeit:

Paul: ...

Mündlicher Ausdruck — *Modelltest*

Mündlicher Ausdruck: Modelltest

1. **Bearbeiten Sie den Modelltest „Mündlicher Ausdruck". Arbeiten Sie unter Prüfungsbedingungen.**

   Wenn Sie allein arbeiten, treffen Sie folgende Vorbereitungen:

   a) Stellen Sie zwei Geräte bereit: eines, mit dem Sie abspielen können, und eines, mit dem Sie Ihre eigenen Äußerungen aufnehmen können, ein Gerät mit einem CD-Laufwerk und einen Kassettenrekorder o.Ä.
   b) Legen Sie CD 2 ein.
   c) Legen Sie eine Kassette, auf die Sie Ihre Antworten aufnehmen wollen, in das Aufnahmegerät ein.
   d) Schlagen Sie den Modelltest auf (S.89).
   e) Drücken Sie die Aufnahmetaste.
   f) Starten Sie CD 2 und folgen Sie den Anweisungen.
   g) Hören Sie die Aufgaben und lesen Sie sie im Buch mit. Sprechen Sie Ihre Antworten klar und deutlich, damit Sie sie später gut beurteilen können.

   Zu den Prüfungsbedingungen gehört, dass die Aufnahme nicht gestoppt wird. Achten Sie daher unbedingt darauf, dass Sie den Ablauf des Modelltests nicht unterbrechen!

   Hinweis für den Lehrer:
   Klassenverbände führen den Modelltest am besten im Sprachlabor oder in einer Einrichtung mit Multimedia-Computern plus Headset durch. Wenn beide Möglichkeiten nicht gegeben sind, sollten möglichst die hier beschriebenen zwei Geräte zur Erstellung der authentischen Prüfungssituation für den einzelnen Prüfling zur Verfügung gestellt werden.

2. **Nach Beendigung des Modelltests sollten Sie Ihre Antworten anhören und die nachstehenden Punkte überprüfen:**

   a) Passt Ihre Äußerung inhaltlich zur Situationsbeschreibung?
   b) Haben Sie die geforderten Sprechhandlungen realisiert?
   c) Haben Sie die richtige Anredeform gewählt?
   d) Passt die Ausdrucksweise zur Situation und zum Gesprächspartner (formell / informell)?
   e) Sprechen Sie klar und deutlich?
   f) Sprechen Sie flüssig, ohne zu stocken?

   Hören Sie sich Ihre Antworten am besten gemeinsam mit einem Lernpartner / einer Lernpartnerin oder Ihrem Lehrer / Ihrer Lehrerin an und bitten Sie diese Person um ein Urteil.

3. **Hören Sie sich dann auch die Musterantworten zum Modelltest „Mündlicher Ausdruck" auf CD 2 an und vergleichen Sie diese mit Ihren Antworten.**

Modelltest — Mündlicher Ausdruck

Im Prüfungsteil „Mündlicher Ausdruck" sollen Sie zeigen, wie gut Sie Deutsch sprechen.

Dieser Teil besteht aus insgesamt sieben Aufgaben, in denen Ihnen unterschiedliche Situationen aus dem Universitätsleben vorgestellt werden. Sie sollen sich zum Beispiel informieren, Auskunft geben oder Ihre Meinung sagen.

Jede Aufgabe besteht aus zwei Teilen: Im ersten Teil wird die Situation beschrieben, in der Sie sich befinden, und es wird gesagt, was Sie tun sollen. Danach haben Sie Zeit, sich darauf vorzubereiten, was Sie sagen möchten. Im zweiten Teil der Aufgabe spricht „Ihr Gesprächspartner" oder „Ihre Gesprächspartnerin". Bitte hören Sie gut zu und antworten Sie dann.

Zu jeder Aufgabe gibt es zwei Zeitangaben: es gibt eine „Vorbereitungszeit" und eine „Sprechzeit".

Die „Vorbereitungszeit" gibt Ihnen Zeit zum Nachdenken, z.B. eine halbe Minute, eine ganze Minute, bis zu drei Minuten.

Sie: Vorbereitungszeit:
In dieser Zeit können Sie sich in Ihrem Aufgabenheft Notizen machen.

Nach der „Vorbereitungszeit" hören Sie „Ihren Gesprächspartner" oder „Ihre Gesprächspartnerin", danach sollen Sie sprechen. Dafür haben Sie je nach Aufgabe zwischen einer halben Minute und zwei Minuten Zeit.

Sie: Sprechzeit

Es ist wichtig, dass Sie die Aufgabenstellung berücksichtigen und auf das Thema eingehen. Wenn Sie dazu aufgefordert werden, sagen Sie, was Sie zum Thema denken. Bewertet wird nicht, welche Meinung Sie dazu haben, sondern wie Sie Ihre Gedanken formulieren.

Die Angabe der Sprechzeit bedeutet nicht, dass Sie so lange sprechen müssen. Sagen Sie, was Sie sich überlegt haben. Hören Sie ruhig auf, wenn Sie meinen, dass Sie genug gesagt haben. Wenn die vorgesehene Zeit für Ihre Antwort nicht reicht, dann ist das kein Problem. Für die Bewertung Ihrer Antwort ist es nicht wichtig, ob Sie Ihren Satz ganz fertig gesprochen haben. Es ist aber auch nicht notwendig, dass Sie nach dem Signalton sofort aufhören zu sprechen.

Ihre Antworten werden aufgenommen. Bitte sprechen Sie deshalb laut und deutlich.

Vielen Dank.

Mündlicher Ausdruck — *Modelltest*

Aufgabe 1

Sie haben die Zulassung für ein Studium in Deutschland erhalten und möchten deshalb bei der deutschen Botschaft ein Visum beantragen. Sie rufen bei der deutschen Botschaft an.

Stellen Sie sich vor.

Sagen Sie, warum Sie anrufen.

Fragen Sie nach Einzelheiten des Visumsantrags.

Sie:
Vorbereitungszeit:

Herr Krause:

Sie:
Sprechzeit:

Modelltest — Mündlicher Ausdruck

Aufgabe 2

Sie sitzen mit einigen deutschen Freunden zusammen. Wolfgang will Lehrer werden und hat gerade ein Praktikum in einer Grundschule gemacht. Er berichtet, dass sich seit seiner Schulzeit viel verändert hat. Er fragt Sie, wie viele Jahre die Grundschule in Ihrem Land dauert und wie die Schulbildung danach weitergeht.

Informieren Sie Wolfgang darüber,

- wie lange die Schüler in Ihrem Land die Grundschule besuchen
- welche Möglichkeiten der Schulbildung sich daran anschließen.

Sie:
Vorbereitungszeit:

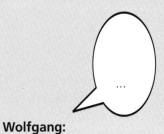

Wolfgang:

Sie:
Sprechzeit:

Mündlicher Ausdruck ──────────────────────────── *Modelltest*

Aufgabe 3

Sie nehmen an einem Tutorium für ausländische Erstsemester teil. In der heutigen Stunde sprechen Sie über die Arbeits- und Zeitplanung im Studium. Ihre Tutorin, Frau Dr. Bremer, hat zur Einführung eine Grafik verteilt und bittet Sie, diese zu erläutern.

Beschreiben Sie, welche Daten die Grafik abbildet.

Fassen Sie dann die wichtigsten Informationen der Grafik zusammen.

Sie:
Vorbereitungszeit:

Frau Dr. Bremer:

Sie:
Sprechzeit:

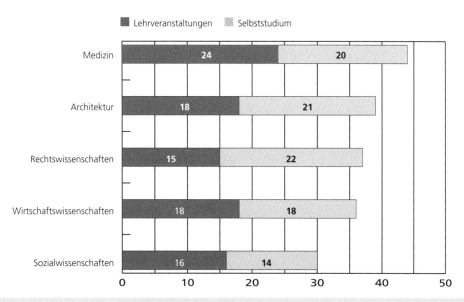

nach: iwd, Informationsdienst der deutschen Wirtschaft, Köln, Nr. 20, 1999

Modelltest — Mündlicher Ausdruck

Aufgabe 4

Im Rahmen Ihres Seminars „Einführung in die Medienpolitik" diskutieren Sie über die gesellschaftspolitischen Aufgaben des Fernsehens. In diesem Zusammenhang wird der Vorschlag diskutiert, einen reinen Bildungskanal einzurichten, der ausschließlich der Wissensvermittlung dient und keine Unterhaltungssendungen zeigt. Die Seminarleiterin, Frau Professor Timm, fragt Sie nach Ihrer Meinung.

Nehmen Sie Stellung zu diesem Vorhaben:
- **Wägen Sie die Vor- und Nachteile ab.**
- **Begründen Sie Ihre Zustimmung oder Ablehnung.**

Sie:
Vorbereitungszeit:

Frau Prof. Timm:

Sie:
Sprechzeit:

Mündlicher Ausdruck _____ **Modelltest**

Aufgabe 5

Sie sitzen mit einigen Kommilitonen zusammen und diskutieren über Ehe und Familiengründung. Jutta, Ihre Nachbarin im Studentenheim, ist schon seit einigen Jahren mit Willi, ebenfalls Student, befreundet. Die beiden überlegen, ob sie noch während des Studiums heiraten und Kinder bekommen sollen oder ob sie erst ihr Studium beenden sollen. Jutta fragt Sie nach Ihrer Meinung.

Sagen Sie Jutta, wozu Sie ihr raten:
- **Wägen Sie die Vorteile und Nachteile der beiden Alternativen ab.**
- **Begründen Sie Ihre Meinung.**

Sie:
Vorbereitungszeit:

Jutta:

Sie:
Sprechzeit:

Modelltest — Mündlicher Ausdruck

Aufgabe 6

In einem Seminar zur „Arbeitsmedizin" geht es heute um die Sicherheit am Arbeitsplatz in Deutschland. Der Seminarleiter, Herr Dr. Koch, hat dazu eine aktuelle Grafik verteilt. Er bittet Sie, Ihre Überlegungen zu Gründen der bisherigen Entwicklung und zur zukünftigen Entwicklung vorzutragen.

Nennen Sie mögliche Gründe für die dargestellte Entwicklung.

Stellen Sie dar, welche Entwicklung Sie für die Zukunft erwarten.

Belegen Sie Ihre Überlegungen anhand der Daten, die die Grafik abbildet.

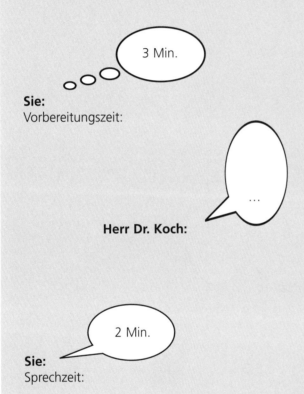

Sie: Vorbereitungszeit: 3 Min.

Herr Dr. Koch: ...

Sie: Sprechzeit: 2 Min.

Die Arbeitswelt wird sicherer [1]

Angezeigte Arbeitsunfälle je 1.000 Vollarbeiter in der gewerblichen Wirtschaft, Landwirtschaft und im öffentlichen Dienst

Jahr	Wert
1991	54
1992	55
1993	52
1994	51
1995	48
1996	43
1997	42
1998	42
1999	41
2000	40
2001	37
2002	36
2003	31

Quelle: Bundesministerium für Wirtschaft und Arbeit

Institut der deutschen Wirtschaft Köln

© 4/2005 Deutscher Instituts-Verlag

Aufgabe 7

Das Studentenwerk Ihrer deutschen Hochschule bietet zu Beginn des Wintersemesters Impfungen gegen Grippe an. Johann, Ihr Zimmernachbar, überlegt, ob er sich impfen lassen soll. Er fragt Sie nach Ihrer Meinung.

Sagen Sie Johann, ob Sie eine Impfung für sinnvoll halten.

Begründen Sie Ihre Meinung.

Sie:
Vorbereitungszeit:

Johann:

Sie:
Sprechzeit:

Lösungen

Hier finden Sie Lösungen zu allen Aufgaben in den vier Trainingskapiteln, die eindeutige Lösungen zulassen. Bei Aufgaben, für die es mehrere Lösungsmöglichkeiten gibt, nennen wir Ihnen Beispiele. Meistens sind dann aber auch noch andere Formulierungen möglich.

Training Leseverstehen

Ü1 b)
Meine Lösungen schreibe ich: *auf ein Antwortblatt.*
Dazu habe ich so viel Zeit: *10 Minuten*
Achtung!
Nur *Lösungen* auf dem *Antwortblatt* werden *gewertet.*

Beispielaufgabe S. 12/13
Richtig: 11 B   12B   13A   14A

Ü3 c)
Mögliche Schlüsselwörter:

Nr.	Schlüsselwörter	Angebot?
1.	erfahrener Chirurg – Stelle Indien	
2.	Agrarwissenschaftlerin – 1 Jahr Indonesien – welche Impfungen?	
3.	Unternehmer – Geschäftskontakte in Asien	
4.	frisch promovierter Arzt – internationale Hilfsorganisation	
5.	Deutschlehrerin – Arbeitszeiten / Urlaubsregelungen in Frankreich und Großbritannien	
6.	Berufsschullehrer – Deutschunterricht in New York	
7.	Physikerin – Stelle an amerikanischer Universität	
8.	Bankkaufmann – einige Jahre nach Spanien – Auswirkungen auf Rente?	
9.	Jurastudent – ein Semester nach Italien	

Ü4 d)
Mögliche Schlüsselwörter:

Nr.	Schlüsselwörter
A	Arbeitsamt – internationale Arbeitsvermittlung – aktuelle Programme
B	BDAE – Länderinformationen – Klima, Politik, praktische Fragen
C	Junge Mediziner – Erlebnisse und Erfahrungen im Ausland
D	Lehrer aller Schularten und Fächer – in USA unterrichten
E	Arbeitsamt – Eures-Berater – Stellenangebote EU – Auskunft zu Lebens- und Arbeitsbedingungen
F	Centrum für internationale Migration und Entwicklung – Fach- und Führungskräfte – Afrika, Asien & Lateinamerika – Banksektor, Gesundheitswesen
G	europäisches Gemeinschaftsrecht – Arbeitende im Ausland – Bundesversicherungsanstalt

Ü5 b/c)

Person 1	Person 2	Person 3	Person 4	Person 5	Person 6	Person 7	Person 8	Person 9
F	B	I	C	E	D	A	G	I

Ü6
Ein Vorschlag:
Ich lese zuerst die Personenbeschreibungen und unterstreiche die wichtigsten Informationen (Schlüsselwörter). Achtung: Wichtige Details wie Alter und Berufserfahrung, besondere Interessen und Wünsche nicht vergessen!
Mit diesen Informationen im Hinterkopf überfliege ich die Angebote in den Kurztexten. Dabei unterstreiche ich die Schlüsselwörter / wichtigsten Aussagen in den Angeboten.
Danach ordne ich zunächst die Personenbeschreibungen (evtl. mit Bleistift) den Texten zu, die mir schon jetzt am eindeutigsten erscheinen. Ich schreibe die Personen-Ziffer vorläufig neben das Angebot.
Dann wende ich mich den übrigen Personenbeschreibungen zu, vergleiche die Schlüsselwörter.
Wenn ich dabei zu keiner Lösung komme, lese ich die Personenbeschreibungen noch einmal.
Dann trage ich die Buchstaben der Angebotstexte in die entsprechende Spalte im Aufgabenblatt ein.

Lösungen

Anwendungsaufgabe 1
1H – 2I – 3B – 4E – 5I – 6I – 7D – 8F – 9A – 10G

Ü7 b)
Frage 1: Zeile 5 – 7
Frage 2: Zeile 10 – 13
Frage 3: Zeile 16 – 18
Frage 4: Zeile 22 – 31
Frage 5: Zeile 34 – 39
Frage 6: Zeile 40 – 43
Frage 7: Zeile 44 – 54
Frage 8: Zeile 54 – 57

Ü8
1. Beispiel
2. unerwartete Informationen – besonders gut; neue Informationen – effizient verarbeiten
3. Robert: Skinhead / Stefan: Sozialpädagoge / beide nur im Computer / Computererfindung
4. Robert kahl geschoren – bullig – kalte Augen – hilft Freunden – trennt seinen Müll – mag keine Ausländer / Stefan: gescheitelte Haare – offenes Lächeln – gibt Bettlern kein Geld – verleiht sein Auto nie – guter Zuhörer – kann gut mit Kindern umgehen
5. Eigenschaft im Widerspruch zur Erwartung, Aussage wird nicht erwartet
6. bei Ablenkung / wenn Versuchsperson abgelenkt
7. Orientierung an Stereotypen, nur Abweichungen werden registriert, Klischees als Schablonen
8. Gehirn: nur neue Infos, Reduzierung der Datenmenge

Ü10 c)
1A – 2B – 3B – 4B – 5A – 6C – 7B – 8A

Anwendungsaufgabe 2
11C – 12C – 13C – 14A – 15B – 16A – 17C – 18C – 19C – 20B.

Ü11 b)
1. Zeile 10 – 12   2. Zeile 18 – 21   3. Zeile 25/26   4. Zeile 29 – 34

Ü11 c) Einige synonyme Beispiele:

Aussage Nr.	Text
Beispiel:	
1: Experten	*Fachleute*
1: Gashydrat-Vorkommen	(Gashydrat) Gesamtvorrat
1: Energievorkommen	Öl-, Gas- und Kohlevorräte
2: erwärmt	schmilzt
2: freigesetzt	schäumt hinaus
3: Ozeanböden	Böden der Tiefsee
3: auf ... lastet ein hoher Druck	für starken Druck sorgt die hohe darüber stehende Wassersäule
4: die Zersetzung	verrottet
4: pflanzliche und tierische Stoffe	Biomasse, Reste von Algen und kleinsten tierischen und pflanzlichen Lebewesen
4: führt zur Bildung von ...	entsteht, wenn ...

Ü11 d)
1. keine Angabe
2. Widerspruch
3. Widerspruch
4. Widerspruch
5. keine Angabe

Ü11 e)
2. ist schwer abschätzbar
3. ... es existiert nur bei Eiseskälte oder unter hohem Druck. Selbst bei einem Druck von 50 Bar (...)
4. Auch tief gefrorene Dauerfrostböden ... enthalten Gashydrat.

Ü12 b)
1. Nein
2. Nein
3. Ja
4. Text sagt dazu nichts.
5. Ja
6. Text sagt dazu nichts.
7. Nein
8. Ja
9. Ja
10. Text sagt dazu nichts.

Ü13 a)
3. „... dass vor allem an den Kontinentalrändern zur Tiefsee die Ablagerungen oft voll mit Gashydrat sind." (Zeile 16 – 19)
5. „Die Kieler Forscher haben große Brocken Methanhydrat ... aus knapp 800 Meter Tiefe geholt." (Zeile 25 – 28)
8. „... nur in unbedeutenden Mengen und ausschließlich aus Dauerfrostböden gefördert." (Zeile 37 – 40)
9. „Der Ölpreis wird entscheiden, ob und wann ... erschlossen werden." (Zeile 45 – 47).

Lösungen

Ü13 b)
1. „Diese Bohrung förderte noch ein kleines Stückchen ... Hydrat zutage ..." (Zeile 10 – 11)
2. „Untersuchungen des Ozeanbodens mit Schallwellen ..." (Zeile 15 – 16)
7. „Ihr Einfluss auf die Umwelt und den globalen Kohlenstoffkreislauf ist noch kaum bekannt." (Zeile 35 – 37).

Anwendungsaufgabe 3
21 Ja – 22 Nein – 23 Nein – 24 Ja – 25 Nein – 26 Nein – 27 Ja – 28 Nein – 29 Ja – 30 Text sagt dazu nichts.

Modelltest

Lesetext 1
1E – 2C – 3A – 4I – 5H – 6G – 7I – 8F – 9I – 10D

Lesetext 2
11B – 12A – 13C – 14A – 15A – 16C – 17C – 18C – 19C – 20B

Lesetext 3
21 Text sagt dazu nichts – 22 Ja – 23 Nein – 24 Nein – 25 Ja – 26 Nein – 27 Ja –
28 Text sagt dazu nichts – 29 Nein – 30 Text sagt dazu nichts.

Training Hörverstehen

Ü1 b)
So oft höre ich Text 1: **einmal**   Text 2: **einmal**   Text 3: **zweimal**

Die Lösungen schreibe ich während des Hörens **hinter die Aufgaben** am Ende des Prüfungsteils „Hörverstehen" **auf das Antwortblatt.** So viel Zeit habe ich am Ende des Prüfungsteils „Hörverstehen": **10 Minuten**.

Ü3
1. Job mit Leuten / Menschen / will mit Menschen zu tun haben
2. keine Französischkenntnisse / kann kein Französisch
3. Betreuer für Ausländer / Deutschlerner / ausländische Schüler / Betreuung von ...
4. 14–18 Uhr, am Wochenende 10–18 Uhr
5. Studenten / Aushilfen / studentische Aushilfskräfte
6. Kontrollieren, ob Stand richtig aufgebaut / Standkontrolle
7. 12–15 € in der / pro Stunde / 12–15 € /Std.
8. Messejobs (sind) beliebt / Messejobs (sind) schnell weg

Ü5 a)
Lösungsvorschlag:
Folgendes könnte man auf der Basis der in den Fragen enthaltenen Informationen vermuten:

zu Frage 2:	Mehrere Angebote?	zu Frage 5: Viele Bewerber? Nur wenige Plätze?
zu Frage 3:	Ein bestimmter Tag?	zu Frage 6: Ausweis? Zulassung?
zu Frage 4:	Studentin wählt einen bestimmten Kurs?	zu Frage 7: Klausur schreiben?
	Aussprache? Grammatik?	zu Frage 8: Buch lesen? Etwas wiederholen?

Ü6
Bei den folgenden Lösungen sehen Sie, dass Sie möglichst knapp formulieren sollten.
Mögliche Stichwörter:
1. über Deutschkurse
2. Übungen (zum) Hörverstehen / (zur) mündlichen Kommunikation / (zur) neuen deutschen Rechtschreibung / Deutsch für Juristen / Kurs zum wissenschaftlichen Schreiben
3. Mittwoch nachmittags
4. Für einen Schreibkurs
5. (Es gibt) nur 20 Plätze
6. den Studentenausweis
7a regelmäßig teilnehmen /
7b 3 bis 4 Texte schreiben
8. ein Buch lesen.

Anwendungsaufgabe 1
Bei der Lösung sind die Wörter in Klammern angegeben, die für die korrekte Antwort nicht unbedingt erforderlich sind.
1 Arbeit in (einem) Ingenieurbüro / Arbeit in (einer) Werbeagentur
2 (die) Zwischenprüfung
3 Literaturrecherche / Literatursuche
4 Buchbestellungen
5 Papiere kopieren lassen / Kopien machen lassen / sich um Kopien kümmern
6 8 Stunden pro Woche
7 280 €
8 nach Gespräch mit anderen Bewerbern.

Lösungen

Ü9 a)
Lösungsvorschläge
10 An der Hochschule wird gerade eine Sportveranstaltung durchgeführt / finden Sportwettkämpfe statt.
11 Die Sportler werden nach dem Wettkampf interviewt / Nach dem Wettkampf werden zwei Sportler interviewt.
12 Der interviewte Sportler hat jeden Tag Training.
13 Der interviewte Student macht u.a. deshalb Sport, weil er fit bleiben will.
14 Die Bundeswehrhochschule bietet nur bestimmte / nur wenige Sportarten an.
15 Sport ist an der Bundeswehrhochschule obligatorisch / ist Pflicht / ist vorgeschrieben.
16 In bestimmten sportlichen Disziplinen müssen jedes Semester Prüfungen abgelegt werden / In bestimmten Sportarten müssen ....
17 Mangelnde sportliche Fitness kann im Winter durch zusätzliches Training wettgemacht werden.
18 Die sportliche Betätigung bedeutet einen zusätzlichen Zeitaufwand.

Ü10
Lösungsvorschläge:
10 An der Bundeswehrhochschule findet in der nächsten Woche eine Sportveranstaltung statt / finden gerade Prüfungen statt / finden derzeit keine Sportveranstaltungen statt.
11 Zwei Trainer werden während des Wettkampfs interviewt. / Zwei Sportler werden vor dem Wettkampf befragt.
12 Der befragte Sportler trainiert mehrmals / einmal in der Woche / selten.
13 Der befragte Student betreibt Sport, weil es Pflicht ist / weil es ihm Spaß macht.
14 Das Sportangebot ist breit gefächert / sehr breit / abwechslungsreich.
15 Sport ist hier an der Bundeswehrhochschule kein Pflichtfach / fakultativ / Wahlfach.
16 Die Studenten werden jedes Semester in allen Disziplinen geprüft / in Sport nicht jedes Semester geprüft.
17 Sportliche Defizite können nicht durch Extra-Training ausgeglichen werden / können durch gute Leistungen in anderen Fächern ausgeglichen werden.
18 Sport wird nicht als zusätzliche zeitliche Belastung angesehen / als Erholung / als Ausgleich angesehen.

Ü11
9 Richtig – 10 Richtig – 11 Falsch – 12 Falsch – 13 Richtig – 14 Falsch – 15 Richtig – 16 Falsch – 17 Richtig – 18 Falsch.

Anwendungsaufgabe 2
9 Richtig – 10 Falsch – 11 Richtig – 12 Richtig – 13 Falsch – 14 Falsch – 15 Richtig – 16 Falsch – 17 Richtig – 18 Falsch.

Ü13 b)
„Im ersten Teil meiner Ausführungen werde ich kurz erläutern ...."; – „Im zweiten Teil ... geht es um ..."

Ü14

1. Abschluss eines Gesichtspunktes und Überleitung zum nächsten	2. Rückverweis / Verweis auf das Folgende	3. Definition / Beispiel	4. Zusammenfassung / Vortragsschluss
Soweit das Thema X. Und jetzt zu ...	*Wie eben / vorhin bereits erwähnt ...*	*Unter X versteht man ...*	*Zusammenfassend möchte ich sagen, dass ...*
Soweit zu [Thema] ...	*Wie ich eingangs / am Anfang erwähnte ...*	*Das heißt, ...*	*Ich fasse zusammen ...*
Bisher habe ich über x gesprochen, jetzt komme ich zu y.	*Wie wir später noch sehen werden, ...*	*X bedeutet / besagt / heißt, dass ...*	*Lassen Sie mich zum Schluss noch einmal zusammenfassen / sagen / erwähnen ...*
Ich komme jetzt zu ...	*Kommen wir noch einmal auf ... zurück.*	*Der Begriff x bezieht sich auf ...*	*Ich möchte schließen, indem ich ...*
Nun einige Ausführungen / Bemerkungen zu ...	*Bevor ich zu X komme, noch ein paar Bemerkungen über Y.*	*Ein Beispiel: ...*	
Als Nächstes möchte ich ... behandeln.		*X liegt vor, wenn ...*	
		Ich darf Ihnen vielleicht ein Beispiel geben.	
		X wird bezeichnet als ...	

Lösungen

Ü15
Das Beispiel (0) mit der Lösung gibt erste Hinweise auf die Gliederung.

Ü 16 und Ü 17 a)
1. sprachenpolitisches **Ziel** –der **Europäischen** Union
2.1 **individuelle** Mehrsprachigkeit
2.2 **kollektive** Mehrsprachigkeit
2.3 **schulische** Mehrsprachigkeit
3. **echte** Mehrsprachigkeit
3.1 **Typ von** Mehrsprachigkeit
3.2 Kompetenz in den **Sprachen**
3.3 Mittel zur Förderung von **Sprachen / Sprachkenntnissen** – in **Europa.**

Ü17 b)
Im ersten Teil meiner Ausführungen ... – im zweiten Teil geht es ... – Eine dritte Bedeutung des Begriffs... – Ich fasse zusammen ... – Kommen wir noch einmal zurück zum ...

Ü18
19 Mehrsprachigkeit – 20 Mehrsprachigkeit des Einzelnen /einer Person – 21 Mehrsprachigkeit in einem Land – 22 (vielfältiges) Fremdsprachenangebot in der Schule / mindestens drei Fremdsprachen in der Schule – 23 auf individuelle Mehrsprachigkeit / Mehrsprachigkeit des Individuums – 24 (Es) wird abgelehnt / problematisiert – 25 Austauschprogramme / (Auslands-)Praktika / Sprachprogramme für Berufstätige.

Anwendungsaufgabe 3
Bei der Lösung sind die Wörter in Klammern angegeben, die für die korrekte Antwort nicht unbedingt erforderlich sind.
Lösungsvorschläge:
19 (an der) Anzahl der Nervenzellen / 10 Milliarden Nervenzellen
20 Gehirn (ist) leistungsfähiger / zugunsten des Gehirns
21 am Gehirn kranker Menschen / am Gehirn von Patienten
22 (Es ist) zu ungenau. / (Es) kann bestimmte Hirnregionen nicht erfassen / (Man erhält) ein ungenaues Bild des Gehirns. / Sprachzentren nicht erfassbar.
23 durch Messungen im Gehirn / durch Einbringen kleinster Instrumente in das Gehirn
24 magnetische Unterschiede / Differenzen des roten Blutfarbstoffs
25 Verbesserung der Frühdiagnostik / der Frühdiagnose / der Früherkennung und der Behandlung von Krankheiten.

Modelltest

Hörtext 1
Bei der Lösung sind die Wörter in Klammern angegeben, die für die korrekte Antwort nicht unbedingt erforderlich sind.
1 Vordiplom, (Teilnahme an der) Vorlesung Erdölchemie
2 50 € sofort / als Anzahlung / als Vorauszahlung, Rest / 100 € später
3 Hammer / wetterfeste Kleidung / Schreibzeug
4 die (einen) Leistungsnachweis wollen
5 bei (der) Vorbesprechung
6 per Los / durch Verlosung / (werden) verlost
7 im Seminar oder bei (der) Exkursion
8 (Exkursions-) Protokoll.

Hörtext 2
9 Falsch – 10 Richtig – 11 Falsch – 12 Richtig – 13 Falsch – 14 Falsch – 15 Richtig – 16 Falsch – 17 Falsch – 18 Richtig.

Hörtext 3
Bei der Lösung sind die Wörter in Klammern angegeben, die für die korrekte Antwort nicht unbedingt erforderlich sind.
19 Steine
20 zur Lösung von praktischen Alltagsproblemen / zur Alltagsbewältigung
21 (eine) Ansammlung von Dingen / konkrete Gegenstände
22 Abstraktheit / abstrakte Begriffe / Abstraktion
23 (Mathematik ist eine) Entdeckung
24 (Mathematik ist eine) Entdeckung
25 Aussagen ohne Bezug zur Wirklichkeit (sind) möglich / Mathematik liefert Aussagen ohne Bezug zur Wirklichkeit. / Mathematik wird logisch begründet.

Lösungen

Training Schriftlicher Ausdruck

Ü1 b)
Gliederung Ihres Textes in zwei Hauptabschnitte:
1. **Beschreibung einer Grafik**; 2. **Argumentation / Stellungnahme zu einem Aspekt des Themas**
Achtung: zwei Abschnitte, aber **ein zusammenhängender Text!**
Wichtiger als grammatische Korrektheit: **klare Gliederung**
Zeit: 1. Abschnitt: **20 Minuten**; 2. Abschnitt: **40 Minuten**
Schreibbogen für: **Text** – Konzeptpapier für: **Ideen oder Notizen**
Am Ende der Prüfung: **Schreibbogen und Konzeptpapier abgeben.**

Ü2
Der nachfolgende Text bezieht sich auf die Aufgabenstellung für den Prüfungsteil „Schriftlicher Ausdruck" im Modellsatz 01, der vom TestDaF-Institut veröffentlicht wurde. Der Modellsatz kann unter www.testdaf.de eingesehen werden.

1 Studiengebühren

Die Frage, ob Studiengebühren wieder eingeführt werden sollen, ist zur Zeit in Deutschland aktuell. Um eine richtige Entscheidung treffen zu können, müssen Vor- und Nachteile von Studiengebühren eingeschätzt werden.

Vor dieser Erörterung jedoch soll ein Blick auf die Situation in anderen Ländern geworfen werden. Wie sieht es dort mit Studien-
5 gebühren aus?

Nach Angaben der Zeitschrift „Forschung und Lehre" (Nr. 8, 1999, S. 398) ist die Situation der Studiengebühren in Europa eher heterogen. In Frankreich, Österreich, Schweden wie auch in Deutschland kann man gebührenfrei studieren. Das ist aber nicht der Fall in Belgien, Italien, in der Schweiz, Großbritannien oder in den Niederlanden. An der Spitze der Studiengebührenpyramide steht Großbritannien, wo sie von 1900 bis 7000 DM variieren können. Die niedrigsten Gebühren gibt es in Italien (von 255 bis 765 DM) und in Belgien
10 (100 – 1050 DM). In der Schweiz sind die Gebühren etwas höher, aber der Unterschied ist nicht so groß (von 600 bis 1500 DM). Einen Sonderfall stellen die Niederlande dar. Die Studiengebühren dort sind einheitlich für alle und betragen an jeder Hochschule 2160 DM.

In Europa gibt es also Länder mit und Länder ohne Studiengebühren. In Deutschland werden bislang keine Studiengebühren verlangt, aber es wird zur Zeit darüber diskutiert, ob man wieder Studiengebühren einführen soll.

Dabei können in der öffentlichen Diskussion grundsätzlich zwei Auffassungen unterschieden werden. Die einen glauben, dass die Stu-
15 diengebühren zur Verbesserung des Studienangebots und der Studienleistungen beitragen werden. Die anderen sind der Meinung, dass Bildung staatlich und auch gebührenfrei bleiben soll. Man kann nicht ohne weiteres der einen oder der anderen Auffassung zustimmen, denn das sind eigentlich zwei Pole eines Problems. Für Studiengebühren spricht, dass die Universitäten dann mehr Einnahmen haben und sich mehr Personal leisten können oder mehr Bücher anschaffen können. Gegen Studiengebühren spricht, dass dann einige aus finanziellen Gründen nicht studieren können, obwohl sie begabt sind.
20 Ich glaube, es sollte immer eine Alternative geben, d.h. es sollten beide Möglichkeiten – sowohl gebührenfreie als auch gebührenpflichtige Ausbildung – vorhanden sein. Damit vermeidet man, dass einige Sozialschichten, die sich Studiengebühren nicht leisten können, benachteiligt werden. In Russland gibt es beide Varianten. An den Universitäten kann man sich sowohl um einen gebührenpflichtigen als auch um einen staatlichen Studienplatz bewerben. Das Wichtigste, was wirklich vermieden werden muss, ist, dass einige Fächer ausschließlich gebührenpflichtig studiert werden können. Das macht solche Berufe elitär und führt zur sozialen Ausgrenzung.
25 Das Motto sollte also lauten: „Gleiche Chancen für alle".

Z. 1:   Thema
Z. 2–3: Einleitung
Z. 4–5: Überleitung zwischen Einleitung und Beschreibung der Grafik

Z. 6–11: Beschreibung der Grafik
Z. 12–13: Überleitung zwischen Grafik und Argumentation
Z. 14–24: Argumentation
Z. 25: Schluss

Ü3 c) Beispiele für Notizen:
- Verteilung von neun europäischen Sprachen auf die Bevölkerung der Europäischen Union. Für jede Sprache: Anteil der muttersprachlichen und der nicht-muttersprachlichen Sprecher.
- allgemein gestiegener Bedarf an Fremdsprachenkenntnissen; deshalb: Erlernen einer Fremdsprache als Pflicht?

Ü4 Beispiele für Einleitungen finden Sie in Ü 5.

Ü5
1. Beispiele oder Fälle anführen:
   In ... werden oft ... Diese Beispiele machen deutlich, dass ... Deshalb stellt sich die Frage, ...
2. Von kontroversen Meinungen ausgehen:
   Viele fragen sich, ob.... Die Meinungen darüber gehen auseinander. Einige stehen auf dem Standpunkt, dass ... Andere hingegen meinen, dass ... Ohne Zweifel ... Doch ...
3. Von einem Zitat / einem Sprichwort / einer Redensart ausgehen:
   ... stand unter dem Motto ...
4. Eine aktuelle Entwicklung aufzeigen:
   Die Entwicklung der letzten ... zeigt, dass ... Deshalb wird diskutiert, ob ...
5. Von der Definition eines Schlüsselbegriffs ausgehen:
   Unter ... versteht man, dass ... Als Folge davon ...
   In diesem Zusammenhang stellt sich folgendes Problem: ...

Lösungen

Ü6
Kontrollieren Sie Ihren Text anhand der Mustertexte von Ü 5.

Ü7
Kontrollieren Sie Ihren Text anhand der Mustertexte von Ü 5 oder besprechen Sie ihn mit einem Lernpartner / einer Lernpartnerin oder der Kursleitung.

Anwendungsaufgabe 1
a) Arbeiten Sie wie in Ü 2 auf S. 54 angegeben.
b) Einige Muster (vgl. Ü 5, S. 55)
   1. Beispiele oder Fälle anführen:
      In manchen Ländern, z.B. in Schweden, lernt die Mehrheit der Schüler bereits in der Grundschule eine Fremdsprache. In anderen Ländern dagegen, z.B. in Deutschland, beginnt der Fremdsprachenunterricht für die meisten Schüler erst mit dem 5. Schuljahr. Damit ist die Frage aufgeworfen, wann der Fremdsprachenunterricht in der Schule einsetzen soll.
   2. Von kontroversen Meinungen ausgehen:
      Fremdsprachenunterricht steht in allen Ländern auf dem Lehrplan der Schulen, aber über den Beginn des Fremdsprachenunterrichts gibt es verschiedene Auffassungen. Die einen vertreten die Meinung, dass Kinder möglichst früh eine Fremdsprache lernen sollen, die anderen halten es für sinnvoll, dass Kinder erst dann eine Fremdsprache lernen, wenn sie ihre Muttersprache gut beherrschen.
   3. Von einem Zitat / einem Sprichwort / einer Redensart ausgehen:
      In Deutschland gibt es das Sprichwort „Früh übt sich, was ein Meister werden will". Damit wird ausgedrückt, dass die Lernfähigkeit in jungem Alter am größten ist. Gilt das auch für das Erlernen einer Fremdsprache?
   4. Eine aktuelle Entwicklung aufzeigen:
      Die Entwicklung der letzten Jahrzehnte zeigt eine zunehmende Internationalisierung von Wirtschaft, Politik und Wissenschaft. Damit wächst der Bedarf an Fremdsprachenkenntnissen. Bildungspolitiker verlangen deshalb, den Fremdsprachenunterricht an den Schulen zu fördern.
   5. Von der Definition eines Schlüsselbegriffs ausgehen:
      Mehrsprachigkeit bedeutet, dass jemand mehrere Sprachen beherrscht. Das heißt nicht, dass die Kompetenzen in allen Sprachen gleich stark ausgebildet sind. So kann jemand z.B. in der einen Sprache flüssig lesen, aber nicht besonders gut sprechen, in der anderen Sprache hingegen sich problemlos unterhalten. In der Europäischen Union gibt es Bemühungen, die Mehrsprachigkeit der Bürger zu fördern. Wie kann der Schulunterricht diesen Anforderungen nachkommen?

Ü8

Nr.	Verweis auf Einleitung	Verweis auf Grafik
1	indirekt: *Als erstes jedoch*	*einige Daten*
2	indirekt: *bevor diese Frage*	*erst einige Daten*
3	indirekt: *Vorab jedoch*	*anhand einiger Daten*
4	*Vor der Erörterung dieses Problems*	*einige Daten*

Anwendungsaufgabe 2
Beispiel:
Bevor dieses Problem erörtert wird, sollen zunächst einige Daten zum Fremdsprachenunterricht in der Schule präsentiert werden.

Ü9

Rahmendaten	Grafik S. 53	Tabelle S. 57
Datenquelle	*EU-Kommission*	*EU-Kommission*
Veröffentlichungsdatum	*Dezember 2000*	*1999*
Überschrift	*Sprachen in der Europäischen Union*	*Sprachunterricht in einigen Ländern der EU*
Koordinaten	*Sprachen / Prozent*	*Länder / Sprachen*

Ü10
(a) Daten / Zahlen / eine Statistik
    veröffentlicht / publiziert / herausgebracht / herausgegeben / angegeben / angeführt / aufgeführt

(b) dem Titel / der Überschrift
    zeigt / veranschaulicht / stellt dar
    fußt auf / basiert auf / verarbeitet.

Ü11
Beispiel:
Die Tabelle mit der Überschrift „Sprachunterricht in einigen Ländern der Europäischen Union" führt für fünf europäische Länder auf, wie viel Prozent der Schüler jeweils Unterricht in vier ausgewählten Fremdsprachen haben. Bei den Sprachen handelt es sich um Englisch, Französisch, Deutsch und Spanisch. Das Datenmaterial basiert auf einer Veröffentlichung der Europäischen Kommission von 1999.

Lösungen

Ü12
Beispiele:
a) *Rangfolge der Fremdsprachen im Schulunterricht in ausgewählten EU-Ländern; Wichtigkeit der verschiedenen Fremdsprachen in einzelnen EU-Ländern.*
b) *Die Spitzenstellung des Englischen. Spanisch ist in allen Ländern – mit Ausnahme von Frankreich – auf dem letzten Platz.*
c) *Beginn mit der Situation des Deutschunterrichts in skandinavischen Ländern.*

Ü13
Beispiel:
Wie die Tabelle zeigt, bestehen erhebliche Unterschiede im schulischen Fremdsprachenunterricht sowohl zwischen den Sprachen als auch zwischen den Ländern. Dänemark und Schweden sind die Länder mit dem meisten Fremdsprachenunterricht in der Schule, während Italien das Schlusslicht bildet. Englisch nimmt in allen Ländern die Spitzenstellung ein: In Schweden lernen 100% der Schüler Englisch, in Italien 72%, während in Frankreich, Dänemark und Deutschland über 90% der Schüler Englischunterricht haben. Insgesamt weist Spanisch die geringsten Anteile am schulischen Fremdsprachenunterricht auf, Deutsch und Französisch liegen im Mittelfeld. Wie stark andere Fremdsprachen neben Englisch in der Schule vertreten sind, scheint auch von Faktoren wie geographischer Nähe und sprachlicher Verwandtschaft abzuhängen. So verzeichnet Italien mit 35% den höchsten Wert für Französisch, Frankreich mit 34% den höchsten Wert für Spanisch. Deutsch hat in den skandinavischen Ländern eine starke Stellung: 71% der dänischen Schüler und 42% der schwedischen Schüler haben Deutschunterricht.

Anwendungsaufgabe 3
Beispiel:
Das deutsche Studentenwerk veröffentlichte im Oktober 2001 die Ergebnisse einer Datenerhebung zum monatlichen Einkommen von Studenten in den Jahren 1991 – 2000. Die Grafik mit dem Titel „Entwicklung der monatlichen Einnahmen von Studenten" zeigt, wie hoch das Monatseinkommen ist, über das Studenten in Ost- und in Westdeutschland im Durchschnitt verfügen. Die Angaben zu den Einkommen sind in Abständen von jeweils drei Jahren aufgeführt.
Es fällt auf, dass die Einkommen für beide Gruppen in dem Zeitraum von 1991 bis 2000 gestiegen sind. Während sich jedoch bei dem Einkommen der westdeutschen Studenten nur ein relativ flacher Anstieg feststellen lässt, haben die Einkommen der ostdeutschen Studenten vor allem in dem Zeitraum 1991 – 1994 stark zugenommen. In diesen Jahren ist das Durchschnittseinkommen von 338 auf 488 Euro gestiegen. Das Einkommen der westdeutschen Studenten ist durchgängig höher als das Einkommen der ostdeutschen Studenten. So verfügen westdeutsche Studenten im Jahr 2000 durchschnittlich über 727 Euro im Monat, während ihre ostdeutschen Kommilitonen nur 605 Euro zur Verfügung haben.

Ü15
Beispiel:
Spitzenstellung des Englischen als Fremdsprache, aber weniger als 50% der EU-Bürger beherrschen Englisch als Fremdsprache, andere Sprachen noch viel geringere Anteile; aber gestiegener Bedarf.

Ü16
Beispiel:
Wie aus der Grafik ersichtlich wird, ist Englisch zwar die am weitesten verbreitete Fremdsprache in der EU, jedoch wird sie noch nicht einmal von der Hälfte der EU-Bürger als Fremdsprache gesprochen. Die übrigen Sprachen weisen noch wesentlich geringere Anteile an fremdsprachlichen Sprechern auf. Dabei ist der Bedarf an Fremdsprachenkenntnissen in den letzten Jahren deutlich gestiegen.

Anwendungsaufgabe 4
Die Lösung dieser Aufgabe ist von Ihrem individuellen Text abhängig.

Ü17 b)

Tatsache	Folge	aus der Folge abgeleitete Problem-bzw. Fragestellung
Globalisierung; Wirtschaft, Politik, Wissenschaft international; wachsende Bedeutung internationaler Beziehungen *wachsende Internationalisierung*	*Fremdsprachenkenntnisse ; Bedarf an Fremdsprachenkenntnissen nimmt zu*	*Studenten: Erlernen einer Fremdsprache als Pflicht?*

Lösungen

Ü18

Verknüpfung zwischen Tatsache und Folge	Verknüpfung zwischen Folge und aus der Folge abgeleitetes Problem
a) *Das bedeutet, dass, ...* *Aufgrund ...*	*Vor diesem Hintergrund ...*
b) *Als Folge (+ Gen.) ...* *Das führt zu ...* *Das hat zur Folge, dass ...*	*Deshalb / Daher / Aus diesem Grunde ...*

Ü19

gekennzeichnet ist	*geprägt ist / charakterisiert ist*
bedeutet	*heißt*
zunehmend	*immer mehr / in wachsendem Maße*
wachsenden	*zunehmenden / größeren*
werden ... verlangt	*werden gefordert / vorausgesetzt*
nimmt ... zu	*erhöht sich / steigt / wächst*
wird ... gestellt	*wird ...aufgeworfen / wird ...diskutiert.*

Ü20

Beispiel:
Die heutige Welt ist geprägt durch Globalisierung: Wirtschaft, Politik und Wissenschaft operieren in zunehmendem Maße auf internationaler Ebene. Infolgedessen sind in immer mehr Berufsfeldern Fremdsprachenkenntnisse unverzichtbar geworden. Angesichts dieser Entwicklung wird die Frage aufgeworfen: Soll für Studenten neben dem Fachstudium das Erlernen einer Fremdsprache zur Pflicht gemacht werden?

Ü21

b) Stellungnahme 1 ist persönlich, Stellungnahme 2 ist sachbezogen.
c) Stellungnahme 1 äußert persönliche Vorlieben. Sprachliche Mittel, mit denen diese persönliche Sicht zum Ausdruck gebracht wird:
   – Verwendung des Personalpronomens „ich"
   – *... finde ich sehr interessant*
   – *Es macht Spaß ...*
   Stellungnahme 2 führt ein objektives Argument an, das unabhängig von persönlichen Wertungen ist.

Ü22

a) *Schlüsselqualifikationen wie Teamfähigkeit oder kommunikative Kompetenz sind wichtiger als Fachkenntnisse, denn letztere veralten immer schneller / da Fachkenntnisse immer schneller veralten. Fachkenntnisse veralten immer schneller. Deshalb ist es wichtiger, Schlüsselqualifikationen wie Teamfähigkeit oder kommunikative Kompetenz zu erwerben.*

b) *Elektronische Datenverarbeitung sollte als Fach in der Schule unterrichtet werden, weil / da in immer mehr Berufen Computerkenntnisse vorausgesetzt werden.*
Da in immer mehr Berufen Computerkenntnisse vorausgesetzt werden, sollte elektronische Datenverarbeitung als Fach in der Schule unterrichtet werden.
In immer mehr Berufen werden Computerkenntnisse vorausgesetzt. Aus diesem Grund / Deshalb / Daher sollte elektronische Datenverarbeitung als Fach in der Schule unterrichtet werden.

c) *Da Frauen in den naturwissenschaftlichen Studienfächern in Deutschland unterrepräsentiert sind, müssen Mädchen in Physik, Chemie und Biologie stärker gefördert werden.*
Mädchen müssen in Physik, Chemie und Biologie stärker gefördert werden, weil sie in den naturwissenschaftlichen Studienfächern in Deutschland unterrepräsentiert sind.
Frauen sind in den naturwissenschaftlichen Studienfächern in Deutschland unterrepräsentiert. Darum / Deshalb / Demzufolge müssen Mädchen in Physik, Chemie und Biologie stärker gefördert werden.

d) *In einigen Bundesländern ist die Schulzeit bis zum Abitur auf 12 Jahre verkürzt worden, da deutsche Studenten älter als der weltweite Durchschnitt sind.*
Aufgrund der Tatsache, dass deutsche Studenten älter als der weltweite Durchschnitt sind, ist in einigen Bundesländern die Schulzeit bis zum Abitur auf 12 Jahre verkürzt worden.
Deutsche Studenten sind älter als der weltweite Durchschnitt. Deswegen / Demzufolge / Aus diesem Grund ist in einigen Bundesländern die Schulzeit bis zum Abitur auf 12 Jahre verkürzt worden.

Ü23

Beispiele:
zu 22a) *Lehrpläne für Schulfächer oder auch Schulbücher können nicht so schnell überarbeitet werden, wie sich die Wissenschaften fortentwickeln.*
Jemand, der Ende der Achtzigerjahre einen Computerkurs gemacht hat, musste sich mit der Verbreitung von MS Windows Anfang der Neunzigerjahre auf veränderte Anforderungen einstellen.

zu 22b) *Computerkenntnisse werden immer noch nur im Rahmen von fakultativen Arbeitsgruppen und Zusatzkursen unterrichtet. Die Vermittlung von Computerkenntnissen ist an deutschen Schulen nicht einheitlich geregelt. Vielfach hängt sie vom (privaten) Engagement einzelner Lehrer ab.*

Lösungen

zu 22c) *Verschiedene Universitäten bieten während der Sommerferien „Schnupperkurse" in naturwissenschaftlichen Fächern für Schülerinnen ab 16 Jahren an und verzeichnen damit einen großen Erfolg.*
Verschiedene Untersuchungen haben gezeigt, dass Mädchen, die in naturwissenschaftlichen Fächern besonders gefördert wurden (z.B. durch Schulunterricht nur für Mädchen), eher ein naturwissenschaftliches Studium aufnehmen als Mädchen, die nicht gefördert wurden.

zu 22d) *Während britische Studenten ihr Studium im Alter von ca. 18, 19 Jahren aufnehmen, sind deutsche Studienanfänger meist schon über zwanzig Jahre alt, wenn sie anfangen zu studieren.*
In anderen europäischen Ländern beträgt die Schulzeit häufig auch nicht mehr als 12 Jahre.

Ü24 a)

Pro-Argumente	Kontra-Argumente
zusätzliche Qualifikation	*Zeitverlust durch das Lernen einer Fremdsprache und dadurch Verlängerung des Studiums*
verändertes Anforderungsprofil auf dem Arbeitsmarkt	*mangelnde Motivation*
Erweiterung des geistigen Horizonts	*nicht für alle Fächer gleichermaßen relevant*

Ü24 c)

Pro-Argumente (Beispiele):
[Feststellung]: *Durch Fremdsprachenkenntnisse hat man unter Umständen bessere Aussichten auf einen Arbeitsplatz*, [Begründung]: *denn die Beherrschung einer oder mehrerer Fremdsprachen bedeutet eine zusätzliche Qualifikation.* [Beleg / Beispiel]: *Ein Ingenieur, der neben seinen Fachkenntnissen Fremdsprachenkenntnisse hat, ist für ein Unternehmen auch international einsetzbar.*
[Forderung]: *Vor dem Hintergrund der Globalisierung erscheint es sinnvoll, von Studenten das Erlernen einer Fremdsprache zu fordern.*
[Begründung]: *Denn durch die zunehmende Internationalisierung in vielen Bereichen haben sich die Anforderungen auf dem Arbeitsmarkt deutlich verändert und in immer mehr beruflichen Positionen wird neben fachlichen Kenntnissen auch die Beherrschung von Fremdsprachen erwartet.* [Beleg / Fakten]: *Das zeigt ein Blick auf die Stellenausschreibungen.*
[Feststellung]: *Mit dem Erlernen einer Fremdsprache während des Studiums ist eine Erweiterung des geistigen Horizonts verbunden,* [Begründung]: *weil Fremdsprachenlernen auch immer die Auseinandersetzung mit einer fremden Kultur, mit fremden Denkweisen bedeutet.* [Beleg / Daten]: *Diese Auseinandersetzung kann zu einer erweiterten Perspektive über die Grenzen des eigenen Fachs und über die Grenzen der eigenen Kultur hinausführen, wie viele Erfahrungsberichte zeigen.*

Kontra-Argumente (Beispiele):
[Feststellung]: *Wenn die Studenten neben ihrem Fachstudium noch eine Fremdsprache lernen sollen, so ist damit zu rechnen, dass sich ihre Studienzeit insgesamt verlängert,* [Begründung]: *denn das Erlernen einer Fremdsprache ist mit einigem Zeitaufwand verbunden.* [Beleg / Fakten]: *Aber gerade in Deutschland wird oft beklagt, dass die Studienzeit verglichen mit anderen Ländern schon jetzt relativ lang ist.*
[Forderung]: *Das Fremdsprachenlernen sollte nicht obligatorisch sein,* [Begründung]: *denn gerade den Studenten, die die Notwendigkeit von Fremdsprachenkenntnissen für ihre spätere Berufstätigkeit nicht einsehen, wird es an Motivation fehlen.* [Beleg / Erfahrung]: *Fehlende Motivation aber führt oft dazu, dass die Fremdsprache nicht gut gelernt wird und daher die eingesetzte Studienzeit vergeudet ist.*
[Feststellung]: *Fremdsprachenkenntnisse sind nicht für alle Studienfächer in gleichem Maße wichtig.* [Begründung]: *Naturwissenschaftler müssen heutzutage ohne Zweifel über sehr gute Englischkenntnisse verfügen, um die internationale Fachliteratur lesen zu können. Aber braucht der Grundschullehrer umfassende Fremdsprachenkenntnisse?* [Beleg / Erfahrung]: *Er kann in der Regel seinen Beruf mit Grundkenntnissen der Fremdsprache ausüben.*

Ü25
Beispiele:

Argumente für die Ausbildung von Schlüsselqualifikationen	Gegenargumente zur Ausbildung von Schlüsselqualifikationen
Methodische Kenntnisse, d.h. zu wissen, wie man an ein Problem herangeht, sind wichtiger als Faktenwissen.	*Es gibt noch keinen Konsens darüber, welche Schlüsselqualifikationen vermittelt werden müssten.*
Schlüsselqualifikationen lassen sich im Berufs- und Alltagsleben breiter anwenden als Fachkenntnisse.	*Es gibt noch keine Lehrer, die für die Vermittlung von Schlüsselqualifikationen ausgebildet sind.*
Die beruflichen Anforderungen haben sich in vielen Bereichen verändert, und Schlüsselqualifikationen werden zunehmend stärker nachgefragt.	*Schlüsselqualifikationen lassen sich nicht allein im Rahmen von Schulunterricht vermitteln. Das gesamte soziale Umfeld, Familie, Freunde und Kollegen, spielt eine wichtige Rolle.*
Fachkenntnisse veralten relativ schnell, Schlüsselqualifikationen nicht.	*Wie will man die Kompetenz in Schlüsselqualifikationen überprüfen und bewerten?*

Lösungen

Ü26
Beispiel für Struktur 1:

Pro-Argumente:

Für das Erlernen einer Fremdsprache während des Studiums spricht erstens, dass damit eine Erweiterung des geistigen Horizonts verbunden ist. Fremdsprachenlernen bedeutet auch immer die Auseinandersetzung mit einer fremden Kultur, mit fremden Denkweisen. Diese Auseinandersetzung kann zu einer erweiterten Perspektive über die Grenzen des eigenen Fach und über die Grenzen der eigenen Kultur hinausführen.

Zweitens erscheint es vor dem Hintergrund der Globalisierung sinnvoll, von Studenten das Erlernen einer Fremdsprache zu fordern. Denn durch die zunehmende Internationalisierung in vielen Bereichen haben sich die Anforderungen auf dem Arbeitsmarkt deutlich verändert. In immer mehr beruflichen Positionen wird neben fachlichen Kenntnissen auch die Beherrschung von Fremdsprachen erwartet. Die Universität kann die Studenten auf diese Anforderungen des Arbeitsmarktes dadurch vorbereiten, dass während des Studiums nicht nur Fachwissen, sondern auch Fremdsprachenkenntnisse vermittelt werden.

Kontra-Argumente:

Jedoch gibt es nicht nur Gründe, die für das Erlernen einer Fremdsprache während des Studiums sprechen, sondern auch Argumente dagegen. Als erstes lässt sich anführen, dass Fremdsprachenkenntnisse nicht für alle Studienfächer in gleichem Maße wichtig sind. Naturwissenschaftler müssen heutzutage ohne Zweifel über sehr gute Englischkenntnisse verfügen, um die internationale Fachliteratur lesen zu können. Aber braucht der Grundschullehrer umfassende Fremdsprachenkenntnisse? Er kann in der Regel seinen Beruf mit Grundkenntnissen der Fremdsprache ausüben.

Zum zweiten lässt sich gegen das obligatorische Erlernen einer Fremdsprache einwenden, dass es gerade den Studenten, die die Notwendigkeit für ihre spätere Berufstätigkeit nicht einsehen, an Motivation fehlen wird. Fehlende Motivation aber führt oft dazu, dass die Fremdsprache nicht gut gelernt wird und daher die eingesetzte Studienzeit vergeudet ist.

Drittens muss man auch bedenken, dass das Erlernen einer Fremdsprache mit Zeitaufwand verbunden ist. Wenn die Studenten neben ihrem Fachstudium noch eine Fremdsprache lernen sollen, so ist damit zu rechnen, dass sich ihre Studienzeit insgesamt verlängert. Aber gerade in Deutschland wird oft beklagt, dass die Studienzeit verglichen mit anderen Ländern schon jetzt relativ lang ist.

Zusammenfassung des eigenen Standpunkts:

Aus meiner Sicht wiegen die Argumente für das Fremdsprachenlernen während des Studiums stärker als die Einwände dagegen. Im akademischen Bereich gibt es kaum noch berufliche Positionen, bei denen keine Fremdsprachenkenntnisse notwendig sind.

Ü27
Beispiel für Struktur 2

Kontra-Argumente:

Schlüsselqualifikationen zum Schwerpunkt des Schulunterrichts zu machen, erscheint derzeit als problematisch. Es lassen sich eine Reihe von Argumenten dagegen anführen. Das erste Argument betrifft die Auswahl der zu unterrichtenden Schlüsselqualifikationen: Es gibt bislang noch keinen Konsens darüber, welche Schlüsselqualifikationen überhaupt unterrichtet werden müssten, denn ein Curriculum / ein Lehrplan seitens der Schulbehörden liegt nicht vor. Ohne ein Curriculum aber gibt es keine geregelte Ausbildung. Dazu kommt, dass es auch keine Lehrer gibt, die für die Vermittlung von Schlüsselqualifikationen speziell qualifiziert sind, denn dieser Aspekt wird in der Lehrerausbildung eher am Rande behandelt. Ohne qualifizierte Lehrer aber kann auch keine Vermittlung stattfinden. Ein drittes Argument, das gegen Schlüsselqualifikationen als Schwerpunkt der schulischen Ausbildung spricht, ist, dass sie nicht nur in der Schule vermittelt werden. Denn auch das soziale Umfeld spielt eine wichtige Rolle. Besonders in der Familie und im Umgang mit ihren Freunden erwerben Kinder und Jugendliche bestimmte Schlüsselqualifikationen. Darauf hat der Schulunterricht, wenn überhaupt, nur geringen Einfluss.

Und schließlich stellt die Leistungsmessung und Notengebung ein Problem dar: Wie will man die Kompetenz in einer Schlüsselqualifikation wie beispielsweise Teamfähigkeit überprüfen und bewerten? Klassenarbeiten zu schreiben wie in anderen Fächern, ist nicht angemessen, denn man muss ja ein bestimmtes Verhalten überprüfen. Und dann ist auch noch nicht geklärt, nach welchen Kriterien man die gezeigte Leistung beurteilen soll.

Pro-Argumente:

Andererseits gibt es eine Reihe von Argumenten, die für die Vermittlung von Schlüsselqualifikationen sprechen. Diejenigen, die sich für die Vermittlung von Schlüsselqualifikationen einsetzen, führen häufig an, dass es in der heutigen Zeit wichtiger sei, methodische Kenntnisse statt Faktenwissen zu vermitteln, d.h. Schüler zu lehren, wie man an bestimmte Problemstellungen herangeht, denn dies mache sie selbstständiger im Umgang mit neuen Fragestellungen. Außerdem lassen sich Schlüsselqualifikationen, da sie fachunabhängig sind, im Berufs- und Alltagsleben breiter anwenden als Fachkenntnisse: Teamfähigkeit kann man sowohl am Arbeitsplatz wie in der Freizeit, beispielsweise im Fußballverein, unter Beweis stellen.

Schlüsselqualifikationen werden im beruflichen Bereich sehr viel mehr nachgefragt als noch vor einigen Jahren, denn die Anforderungen an Arbeitnehmer haben sich beispielsweise mit zunehmender Globalisierung, mit verstärkter Migration deutlich geändert. Diese Veränderungen zeigen sich bereits bei der beruflichen Ausbildung. Viele Betriebe erwarten, dass die Auszubildenden schon bestimmte Schlüsselqualifikationen wie Kommunikationsfähigkeit in die Lehre mitbringen.

Es ist – im Hinblick auf die technische Entwicklung – wichtiger, Schlüsselqualifikationen zu vermitteln, denn Fachkenntnisse veralten immer schneller. Was beispielsweise vor zehn Jahren im Computerkurs gelernt wurde, ist für den Umgang mit modernen Computern nicht mehr relevant.

Zusammenfassung des eigenen Standpunktes:

Zusammenfassend lässt sich festhalten, dass es zwar eine Reihe guter Argumente für die Vermittlung von Schlüsselqualifikationen gibt, die Gegenargumente aber stärker wiegen. Solange es noch keine qualifizierten Lehrer und kein Curriculum gibt, erscheint es zumindest problematisch, Schlüsselqualifikationen schwerpunktmäßig zu vermitteln.

Lösungen

Ü28
Beispiel für Struktur 3

Pro-Argument 1:
Für das Erlernen einer Fremdsprache während des Studiums spricht, dass damit eine Erweiterung des geistigen Horizonts verbunden ist. Denn Fremdsprachenlernen bedeutet auch immer die Auseinandersetzung mit einer fremden Kultur, mit fremden Denkweisen. Diese Auseinandersetzung kann zu einer erweiterten Perspektive über die Grenzen des eigenen Fachs und über die Grenzen der eigenen Kultur hinaus führen.

Kontra-Argument 1:
Es ist jedoch zu bedenken, dass Studenten die das Fremdsprachenlernen als Zwang erfahren, vermutlich weder Interesse noch Aufgeschlossenheit für diese Auseinandersetzung mitbringen. Außerdem wird es ihnen an Motivation für das Erlernen einer Fremdsprache fehlen und fehlende Motivation beeinträchtigt den Lernerfolg.

Pro-Argument 2:
Wenn das Erlernen einer Fremdsprache an der Universität also zur Pflicht gemacht wird, dann sollten die Studenten zumindest davon überzeugt sein, dass diese zusätzliche Qualifikation für ihr späteres Berufsleben wichtig ist. Durch die zunehmende Internationalisierung in vielen Bereichen haben sich die Anforderungen auf dem Arbeitsmarkt deutlich verändert. In immer mehr beruflichen Positionen wird neben fachlichen Kenntnissen auch die Beherrschung von Fremdsprachen erwartet. Die Universität kann die Studenten auf diese Anforderungen des Arbeitsmarktes dadurch vorbereiten, dass während des Studiums nicht nur Fachwissen, sondern auch Fremdsprachenkenntnisse vermittelt werden.

Kontra-Argumente 2 und 3:
Dagegen lässt sich zum einen einwenden, dass Fremdsprachenkenntnisse nicht für alle Studienfächer in gleichem Maße wichtig sind. Naturwissenschaftler müssen heutzutage ohne Zweifel über gute Englischkenntnisse verfügen, um die internationale Fachliteratur lesen zu können. Aber braucht der Grundschullehrer oder der Theologe umfassende Fremdsprachenkenntnisse? Er kann in der Regel seinen Beruf ohne Fremdsprachenkenntnisse ausüben.
Zum anderen werden auf dem Arbeitsmarkt gerade junge Absolventen nachgefragt. Wenn die Studenten neben ihrem Fachstudium jedoch noch eine Fremdsprache lernen sollen, so ist damit zu rechnen, dass sich ihre Studienzeit insgesamt verlängert.

Zusammenfassung des eigenen Standpunkts:
Aus meiner Sicht wiegen die Argumente für das Fremdsprachenlernen während des Studiums stärker als die Einwände dagegen. Im akademischen Bereich gibt es kaum noch berufliche Positionen, für die keine Fremdsprachenkenntnisse notwendig sind.

Anwendungsaufgabe 5
Beispiel:
Heute, im Zeitalter der Globalisierung, werden Fremdsprachenkenntnisse immer wichtiger. Deshalb stellt sich die Frage, wie die Schule auf diese Entwicklung reagieren soll: Soll schon – wie in einigen europäischen Ländern – in der Grundschule eine Fremdsprache unterrichtet werden oder soll der Fremdsprachenunterricht erst später beginnen?
Gegen den Fremdsprachenunterricht in der Grundschule wird eingewendet, dass er sich negativ auf den Erwerb der Muttersprache auswirkt. Man glaubt, dass die Kinder weder in ihrer Muttersprache sicher sind noch positive Ergebnisse in der Fremdsprache zeigen. Das muss aber nicht so sein. In Deutschland werden z.B. Modelle erprobt, bei denen der Fremdsprachenunterricht in der Grundschule auf den mündlichen Bereich beschränkt bleibt, um das Lesen- und Schreibenlernen der Muttersprache nicht negativ zu beeinflussen.
Gegner des Fremdsprachenunterrichts in der Grundschule bringen auch das Argument vor, dass die Einführung einer Fremdsprache mehr Unterrichtsstunden zur Folge hat. Aber das muss nicht der Fall sein: Es besteht auch die Möglichkeit, den Unterricht in anderen Fächern zu kürzen und auf diese Weise Unterrichtszeit für Fremdsprachen zu gewinnen.
Forschungsergebnisse zeigen, dass jüngere Kinder eine Fremdsprache leichter lernen als ältere Kinder und Erwachsene. Man hat z.B. festgestellt, dass Kinder die richtige Aussprache viel leichter lernen als ältere Fremdsprachenlerner.
Je früher der Fremdsprachenunterricht beginnt, umso länger können die Kinder in die jeweilige Sprache hineinwachsen. Das führt zu einer besseren Beherrschung der Fremdsprache. Jemand, der sich nur drei Jahre mit einer Fremdsprache beschäftigt hat, fühlt sich in der Regel in dieser Sprache nicht so sicher wie jemand, der zehn Jahre die Sprache gelernt hat. Auch aus diesem Grund sollte der Fremdsprachenunterricht bereits in der Grundschule beginnen.

Ü29
Beispiel für eine Forderung:
Im akademischen Bereich gibt es kaum noch berufliche Positionen, für die keine Fremdsprachenkenntnisse notwendig sind. Deshalb sollte für alle Studenten das Erlernen einer Fremdsprache zur Pflicht gemacht werden.

Beispiel für eine Problemlösung:
Die Frage, ob für Studenten neben ihrem Fachstudium das Erlernen einer Fremdsprache zur Pflicht gemacht werden soll, lässt sich also nicht eindeutig mit „ja" oder „nein" beantworten, denn es sprechen sowohl Gründe dafür wie auch dagegen. Eine Möglichkeit, Fachwissen und Fremdsprachenkenntnisse zu verbinden, besteht darin, dass Studenten ein oder mehrere Semester im Ausland verbringen oder ein Praktikum im Ausland machen. Solche Auslandsaufenthalte sollten verstärkt gefördert und auch finanziell unterstützt werden.

Anwendungsaufgabe 6
Beispiel:
In Deutschland wird die Bedeutung eines frühen Fremdsprachenunterrichts immer mehr anerkannt und in manchen Bundesländern ist der Fremdsprachenunterricht in die Lehrpläne für die Grundschulen aufgenommen worden.

Lösungen

Training Mündlicher Ausdruck

*Die Lösungen für alle Anwendungsaufgaben finden Sie auf CD2.

Ü1
Dieser Teil besteht aus ... **sieben** Aufgaben ... Im ersten Teil wird die **Situation** beschrieben, ... Die „Vorbereitungszeit" gibt Ihnen Zeit zum **Nachdenken** ... In dieser Zeit können Sie in Ihrem Aufgabenheft **Notizen** machen ... danach sollen Sie **sprechen** ... Es ist wichtig, dass Sie ... auf das **Thema** eingehen ..., dass sie so lange sprechen **müssen** ..., dann ist das **kein Problem** ... sprechen Sie deshalb **laut** und **deutlich**.

Ü5
– Guten Tag. Hier ist Pedro Sanchez. Ich möchte ...
– Guten Tag, mein Name ist Lu Lihua. Ich rufe aus China an. Ich möchte ...
– Guten Tag, Herr Maier, hier Elena Smirnoff aus Moskau. Ich möchte ...

Ü6 a)
Beispiel:
„Guten Tag, mein Name ist [NAME]. Ich rufe aus [LAND] an. Ich möchte gern in Deutschland studieren. Ich möchte wissen, welche Möglichkeiten für Stipendien es gibt. Könnten Sie mir dazu bitte Informationsmaterial schicken?"

Ü9
1.

Thema	Medien in der Erwachsenenbildung
Daten	6 verschiedene Medien: dazu Angaben, welche von den Dozenten für wichtig gehalten und welche tatsächlich eingesetzt werden, Angaben aus dem Jahr 2001
Maßeinheiten	Prozentangaben
Auffälligkeiten	Moderne Medien (Computer, CD-ROM, Internet) werden nur von einem geringen Prozentsatz der Dozenten für wichtig gehalten und kaum genutzt. Videos / Fernsehen werden zwar von fast 23% der Dozenten für wichtig gehalten, aber nur von 16% tatsächlich eingesetzt. Musikkassetten / CDs werden von fast 23% der Dozenten eingesetzt, aber nur von 18,7% für wichtig gehalten.

2.

Thema	Ausländer in Deutschland
Daten	Anzahl der Ausländer nach Ländern / Ländergruppen; Angaben über Aufenthaltsdauer, alle Angaben für 1998
Maßeinheiten	absolute Zahlen, Prozentangaben
Auffälligkeiten	Die Türken bilden die mit Abstand größte Gruppe der ausländischen Bürger in Deutschland, mehr als alle Ausländer aus EU-Ländern zusammen; die zweitgrößte Gruppe kommt aus dem ehemaligen Jugoslawien

Ü10
Beispiele:
(1) Thema der vorliegenden Grafik ist der Einsatz von Medien in der Erwachsenenbildung.
(2) In der vorliegenden Grafik geht es um die Anzahl der Ausländer in Deutschland zu Beginn des Jahres 1998.

Ü11
1. Zeitlicher Verlauf: *Anstieg bis 7.50 Uhr, kontinuierlicher Rückgang bis 9.50 Uhr, allmählicher Anstieg bis 16.50 Uhr, Rückgang bis 2.30 Uhr.*
2. Verteilung der Daten: *Zwischen 6 und 20 Uhr insgesamt deutlich höhere Werte als zwischen 20 Uhr und 4 Uhr. Vorwiegend Berufsverkehr.*
3. Extremwerte: *7.50 Uhr und 16.50 Uhr im oberen Bereich; 2.30 Uhr im unteren Bereich.* 4. Vergleich von Daten: *Morgens: 69% Fahrten zur Arbeit, 2% Fahrten nach Hause.*

Lösungen

Ü12
Beispiel:
Auf dieser Seite sind zwei Grafiken zum Verkehr in einer Großstadt abgebildet. Die erste Grafik hat die Überschrift „Verteilung des Verkehrs in der Großstadt". Die zweite Grafik hat den Titel „Fahrziele morgens". Die erste Grafik zeigt, dass der meiste Verkehr morgens zwischen sechs Uhr und acht Uhr und am Nachmittag zwischen 16 und 18 Uhr stattfindet. Der Verkehrshöhepunkt liegt morgens gegen 7.50 Uhr, danach geht es kontinuierlich zurück bis gegen 9.50 Uhr, wo es den wenigsten Verkehr tagsüber gibt. Danach steigt das Verkehrsaufkommen wieder an und erreicht am Nachmittag gegen 16.50 Uhr seinen Höhepunkt. Insgesamt zeigt sich, dass das Verkehrsaufkommen zwischen 6 Uhr und 20 Uhr deutlich höher ist als zwischen 20 Uhr und 4 Uhr. Der Tiefstand ist in der Nacht um 2.30 Uhr erreicht.

Aus der zweiten Grafik kann man entnehmen, wie viele Menschen zu welchem Ziel unterwegs sind. Dominierend ist hier der Berufsverkehr: Laut Angaben fahren 69% der Autofahrer zur Arbeit, 22% zum Einkaufen, 7% fahren zur Schule und 2% nach Hause.

Ü13

positiv	negativ
Die Eltern haben – potenziell – mehr Zeit für das einzelne Kind.	Wenn die Eltern wenig Zeit haben, so sind Kinder, insbesondere Einzelkinder, häufig auf sich allein gestellt.
Der / Die Einzelne hat mehr Möglichkeiten der persönlichen Entfaltung.	Einzelkinder stehen ganz besonders unter dem Erwartungsdruck ihrer Eltern.
Die Eltern können den Kindern mehr bieten, u.a. bessere Ausbildung, höheren Lebensstandard ...	In einer Familie mit mehreren Kindern entwickelt das einzelne Kind vielfältige soziale Kompetenzen, die es als Einzelkind oder mit nur einem Geschwisterkind nicht entwickeln kann.
Die Kleinfamilie bietet Frauen eher die Möglichkeit, berufstätig zu sein.	Das Durchschnittsalter der Bevölkerung in den westlichen Industrieländern steigt immer mehr an.

Ü14 a)
Möglich sind die folgenden Beispiele für allgemeine Einleitungen in einem formellen Kontext:
Ich denke / finde / glaube / meine, dass ...
Ich finde das [+ Adjektiv]
Ich glaube / meine, das ist [+ Adjektiv] ...
Meiner Ansicht / Meinung nach ...
Ich bin der Ansicht / Meinung, dass ...
Ich stehe auf dem Standpunkt, dass ...
Ich vertrete die Auffassung, dass ...
Ich bin dafür / dagegen, dass ...

Folgende Wendungen können Sie bei vorsichtiger Meinungsäußerung verwenden:
Das ist eine schwierige / heikle ... Frage.
Soweit ich das beurteilen kann, ...
Ich könnte mir vorstellen, dass ...
Mir scheint, dass ...
Ich bin mir nicht sicher, ob ...
Ich kann mich da schlecht festlegen, doch ich finde ...

Lösungen

Ü14 c)
Beispiel:
„Das ist eine schwierige Frage. Einerseits spricht einiges dafür, dass Familien kleiner werden. Eltern haben – zumindest potenziell – mehr Zeit für das einzelne Kind und können besser auf das Kind eingehen. Das ist für die Persönlichkeitsentwicklung eines Kindes sicher gut. Auch können Eltern mit weniger Kindern diesen eine bessere Ausbildung zukommen lassen und ihnen insgesamt einen höheren Lebensstandard bieten. Denn Lebensunterhalt und Ausbildung sind teuer, und früher war es oftmals so, dass nur ein Kind oder zwei eine höhere Ausbildung erhielten, während die anderen zurückstecken mussten, weil einfach nicht genug Geld da war.
Auf der anderen Seite sind Eltern heutzutage beruflich oft so stark eingespannt, dass sie sich gar nicht intensiv um ihre Kinder kümmern können. Gerade Einzelkinder sind dann auf sich allein gestellt. Das wiederum kann durchaus zu Fehlentwicklungen des Kindes führen. Die Kehrseite der verbesserten Ausbildungschancen ist, dass Eltern vielfach hohe Erwartungen an ihr Kind haben, die Kinder unter Druck geraten und körperlich und seelisch Schaden nehmen. In jüngster Zeit hört man immer wieder, wie viele Kinder heutzutage zu großem Stress ausgesetzt sind und in der Schule verhaltensauffällig werden. Dies ist sicher keine positive Entwicklung.
Für eine größere Geschwisterschar spricht auch, dass das einzelne Kind in so einem Familienverband vielfältige soziale Kompetenzen entwickelt, die es ihm ermöglichen, später im sozialen Leben zurecht zu kommen.
Ich denke, die Entwicklung zur Kleinfamilie lässt sich nicht mehr umkehren. Doch der Staat sollte dafür sorgen, dass die Vorteile, die eine Großfamilie mit sich bringt, auf andere Weise erworben werden können. Zum Beispiel könnte durch Ganztagskindergärten und Ganztagsschulen vermieden werden, dass Kinder berufstätiger Eltern nachmittags allein sind. Auch müssen sich Kinder dort in Beziehungen einfügen und entwickeln soziale Kompetenzen".

Ü15a)

Argumente dafür	Argumente dagegen
Mehr Gleichheit: Es gibt deutlich weniger sichtbare soziale Unterschiede zwischen den Schülern.	Verlust an Individualität, die sich in der Kleidung ausdrückt.
Mittel der Identifikation der Schüler mit „ihrer" Schule.	Jede Schule hat ihre eigene Schuluniform; bei Schulwechsel muss auch die gesamte Ausstattung gewechselt werden.
Es können u.U. Kosten für die Bekleidung der Kinder eingespart werden.	Schuluniformen sind z.T. mit erheblichen Kosten verbunden; schwierig für Eltern aus sozial schwachen Familien, wo Kleidung häufig von anderen übernommen wird.

Ü15 c)
Beispiel:
„Ich bin dagegen, dass Schuluniformen eingeführt werden. Schuluniformen engen meiner Ansicht nach die Freiheit des Einzelnen ein, denn man kann nicht selbst bestimmen, was man anzieht. Über die Kleidung drückt sich ein Stück Individualität aus, die auch ein Schüler haben sollte. Dazu kommen aber noch praktische Erwägungen: Schuluniformen sind z.T. mit erheblichen Kosten verbunden. Und Eltern sind eingeschränkt in der Auswahl, können also nicht die Kleidung kaufen, die ihren Einkommensverhältnissen entspricht. Und wenn ein Kind die Schule wechselt, ist eine neue Schuluniform fällig.
Die Leute, die sich für Schuluniformen aussprechen, führen immer wieder das Argument an, dass mit der Schuluniform soziale Unterschiede nicht so sichtbar sind wie mit „normaler" Kleidung. Das stimmt meiner Ansicht nach nicht. Die Ungleichheit bleibt und drückt sich dann vielleicht in Schulranzen, Schreibzeug, Uhren oder Ähnlichem aus. Außerdem wird aus der Schuluniform unmittelbar ersichtlich, welche Schule man besucht. Und bei Schulen gibt es auch gewaltige Prestige-Unterschiede. Viele meinen auch, über die Schuluniform bringe man Schüler dazu, sich mit ihrer Schule zu identifizieren. Auch das halte ich für ein schwaches Argument. Eine Schule sollte ihren Schülern Ziele und Inhalte vermitteln. Über diese gemeinsame Zielsetzung sollte die Identifikation mit der Schule erfolgen, aber nicht über die Schuluniform.
Zusammenfassend lässt sich also feststellen, dass mehr gegen die Einführung von Schuluniformen spricht als dafür.

Lösungen

Ü16
Beispiele:

Lektorentätigkeit:
- positiv: praktische Berufserfahrungen sammeln; Auslandserfahrungen machen; neue (interkulturelle) Sichtweisen kennen lernen; den persönlichen Horizont erweitern, Möglichkeit, eine Fremdsprache zu lernen; gute Verdienstmöglichkeiten
- negativ: Anpassung an fremde Kultur; Unterbrechung der wissenschaftlichen Karriere; Trennung von Familie und Freunden.

Promotion / Forschungsprojekt:
- positiv: Fortsetzung der wissenschaftlichen Karriere, bessere Berufsaussichten nach der Promotion; interessante wissenschaftliche Einsichten
- negativ: u.U. geringer Verdienst; eher theoretische Ausrichtung; Gefahr einseitiger (monokultureller) Sichtweise; möglicherweise Rückzug in den „Elfenbeinturm".

Ü17
Bei einer Lektorentätigkeit sammelt man praktische Berufserfahrungen, aber ein germanistisches Forschungsprojekt ist eher theoretisch ausgerichtet.
Bei einer Lektorentätigkeit sammelt man praktische Berufserfahrungen, ein germanistisches Forschungsprojekt ist jedoch eher theoretisch ausgerichtet.
Bei einer Lektorentätigkeit sammelt man praktische Berufserfahrungen, ein germanistisches Forschungsprojekt ist hingegen eher theoretisch ausgerichtet
Bei einer Lektorentätigkeit sammelt man praktische Berufserfahrungen, während ein germanistisches Forschungsprojekt eher theoretisch ausgerichtet ist.
Bei einer Lektorentätigkeit sammelt man praktische Berufserfahrungen. Dagegen ist ein germanistisches Forschungsprojekt eher theoretisch ausgerichtet.
Bei einer Lektorentätigkeit sammelt man praktische Berufserfahrungen. Im Gegensatz dazu ist ein germanistisches Forschungsprojekt eher theoretisch ausgerichtet.
Bei einer Lektorentätigkeit sammelt man praktische Berufserfahrungen, wohingegen ein germanistisches Forschungsprojekt eher theoretisch ausgerichtet ist.

Ü18
Beispiele:
Mit einer Promotion setzt man seine wissenschaftliche Karriere fort, während man sie infolge einer Lektorentätigkeit unterbrechen muss.
Mit einer Promotion setzt man seine wissenschaftliche Karriere fort. Im Gegensatz dazu muss man sie infolge einer Lektorentätigkeit unterbrechen.
usw.

Ü19
Beispiel:
Insgesamt gesehen überwiegen für mich die Argumente, die für die Aufnahme einer Lektorentätigkeit sprechen. Ich glaube, ich würde es daher vorziehen, nach dem Magister erst einmal für zwei Jahre an eine ausländische Hochschule zu gehen.

Ü20
Ich würde dir zu ... raten, weil ...
Du solltest ... wählen, denn ...
Ich an deiner Stelle würde ... wählen/machen
Wenn ich du wäre, dann ...
Also ich würde dir empfehlen, ...
Also, mein Ratschlag/meine Empfehlung wäre: ...

Lösungen

Ü21
Beispiel:
„Nun ja, ich denke beide Alternativen haben so ihre Vor- und Nachteile. Während einer Lektorentätigkeit lernst du eine andere Kultur und andere Sichtweisen kennen. Voraussetzung ist natürlich, dass du offen gegenüber Fremdem bist. Aber das erweitert deinen Horizont ungemein und bleibt dir ein Leben lang. Außerdem kannst du eine Fremdsprache lernen, was sicher auch von Vorteil ist. Und du solltest nicht vergessen, dass Lektoren gut bezahlt werden. Auf der anderen Seite unterbrichst du hier natürlich deine wissenschaftliche Karriere. Du musst dich an eine andere Kultur anpassen, was sicher nicht immer leicht ist. Die Freunde und die Familie bleiben in Deutschland und sind von dir getrennt. Auch das ist nicht immer leicht. Aber heutzutage gibt es ja E-Mail und Internet. Und mit dem Flugzeug ist man schnell mal nach Hause gereist.
Insgesamt gesehen überwiegen für mich die Argumente, die für die Lektorentätigkeit sprechen. Ich glaube, ich würde dir raten, an eine ausländische Hochschule zu gehen. Promovieren kannst du nach zwei Jahren sicher auch noch."

Ü22 (a)

Titel	Teilzeit-Boom – Teilzeitbeschäftigte Arbeitnehmer in Deutschland
Bezeichnung der (gedachten) Achsen	
x-Achse	*Zeitverlauf*
y-Achse	*absolute Zahlen (in Mill.)*
Tortengrafiken	*Anteil der Teilzeitbeschäftigten an allen Arbeitnehmern*
Abgebildete Daten	*Anzahl der Teilzeitbeschäftigten*
	Anteil der Teilzeitbeschäftigten unter allen Arbeitnehmern

Ü22 b)
Die vorliegende Grafik beschäftigt sich mit der Entwicklung der Teilzeitarbeit und ihrem Anteil an der Gesamtbeschäftigung.

Ü23

Anfangswerte	1993 haben wir bei der Teilzeitbeschäftigung einen Wert von 5,7 Mill. Arbeitnehmern.
	Der Anteil der Teilzeitbeschäftigung liegt 1993 bei 16,9%.
	Zu Beginn des betrachteten Zeitraums weist die Teilzeitbeschäftigung einen Wert von 5,7 Millionen Arbeitnehmern auf.
Endwerte	Die Anzahl der Teilzeitbeschäftigten beträgt 2005 schätzungsweise 10 Millionen.
	Für das Jahr 2005 zeigt die Grafik für die Teilzeitbeschäftigung einen Anteil von 29,4%.
Trends	Im betrachteten Zeitraum lässt sich ein Anstieg der Teilzeitbeschäftigung feststellen.
	Insgesamt lässt sich bei der Teilzeitbeschäftigung eine kontinuierliche Zunahme feststellen.
	Über den gesamten Zeitraum ist ein Anstieg der Teilzeitbeschäftigung zu verzeichnen.

Lösungen

Ü 31
Beispiele:

	Meinung	Begründung
1	„Ja, ein Studium im Ausland ist sehr interessant,	… denn man lernt Menschen anderer Kulturen kennen."
2	„Ja, ich denke, dass man regelmäßig Sport treiben sollte,	… weil Sport gesund ist und man fit bleibt."
3	„Nein, ich bin nicht für eine längere Mittagspause.	Der Grund dafür ist: Es ist besser, wenn der Feierabend früher beginnt."
4	„Ich bin der Meinung, dass man als Student einen Führerschein haben sollte.	Viele Studentenjobs setzen nämlich einen Führerschein voraus."

Ü32
zu 1.: Ich finde ein Studium im Ausland sehr interessant und würde dir dazu raten, denn man lernt Menschen anderer Kulturen kennen.
zu 2.: Ja, ich denke, dass man regelmäßig Sport treiben sollte, weil Sport gesund ist und man fit bleibt. Ich würde dir empfehlen, morgens immer eine Runde zu laufen.
zu 3.: Nein, ich bin nicht für eine längere Mittagspause. Der Grund dafür ist: Es ist besser, wenn der Feierabend früher beginnt. Also, wenn ich du wäre, würde ich nach dem Mittagessen nicht noch so lange Zeitung lesen.
zu 4.: Ich bin der Meinung, dass man als Student einen Führerschein haben sollte. Viele Studentenjobs setzen nämlich einen Führerschein voraus. Ich würde dir raten: Mach möglichst bald den Führerschein.

Modelltest:

Musterlösungen zum Modelltest finden Sie auf CD 2.

Transkript

Transkript zum Kapitel 2, Training Hörverstehen

Übung 1
Anleitung zum Hörverstehen
Sie hören insgesamt drei Texte. Die Texte 1 und 2 hören Sie einmal, den Text 3 hören Sie zweimal. Schreiben Sie Ihre Lösungen zunächst hinter die Aufgaben.
Am Ende des Prüfungsteils „Hörverstehen" haben Sie 10 Minuten Zeit, um Ihre Lösungen auf das Antwortblatt zu übertragen.

Übung 3
Text 1: Sie hören ein Gespräch im Hochschulbüro des Arbeitsamtes.
Sie hören diesen Text einmal. Lesen Sie jetzt die Aufgaben 1 – 8.

Hören Sie nun den Text. Schreiben Sie beim Hören die Antworten auf die Fragen 1 – 8. Notieren Sie Stichwörter.

Im Hochschulbüro des Arbeitsamtes

Student: Guten Tag.
Sekretärin: Guten Tag. Was kann ich für Sie tun?
Student: Also, ich suche 'nen Job für die Semesterferien.
Sekretärin: Hm – und was haben Sie sich so vorgestellt? Möchten Sie gern in einem Büro arbeiten?
Student: Nee, nicht unbedingt. Lieber hätt ich einen Job, wo ich mit Leuten zu tun hab, wenn's geht.
Sekretärin: Tja, mal sehen, was wir da so haben ... hm ... Da hätt' ich ein Hotel in der Innenstadt – die suchen eine Aushilfe für die Rezeption. Sprechen Sie Französisch? In dem Job sind nämlich Französischkenntnisse gefordert ...
Student: Nein, Französisch kann ich leider nicht. Ich spreche nur Englisch und Spanisch. Was könnten Sie mir denn sonst noch anbieten?
Sekretärin: Warten Sie mal. Hier hab ich 'was ... Sie wollen doch gern mit Menschen zu tun haben, nicht? Eine Sprachschule sucht für den Monat März Betreuer für ausländische Deutschlerner. Morgens haben die Schüler Sprachunterricht, und nachmittags und am Wochenende sollen die Betreuer mit ihnen ein umfangreiches Freizeitprogramm absolvieren. Also hier arbeiten Sie nachmittags von 14 – 18 Uhr und am Wochenende zwischen 10 Uhr und 18 Uhr. Sie verdienen 10 € die Stunde ...
Student: Das klingt ja ganz interessant ... Wie alt sind die Schüler denn?
Sekretärin: Hm, das steht hier leider nicht. Da müssten Sie beim Anbieter mal nachfragen. Ich geb' Ihnen da mal die Telefonnummer. Ich seh' hier aber grad noch was Interessantes ... Eine Messegesellschaft sucht studentische Aushilfskräfte ... So für verschiedene Messen.
Student: Und was muss man da tun?
Sekretärin: Das ist ganz unterschiedlich, je nachdem wo man arbeitet. Zum Beispiel Stand-Kontrolle.
Student: Was ist das?
Sekretärin: Ja, da müssen Sie kontrollieren, ob der Stand auch so aufgebaut ist, wie das vom Kunden bestellt worden ist. Ob alle Stühle da sind, ob die Ständer für das Informationsmaterial an der richtigen Stelle stehen, ob ein Faxgerät vorhanden ist, ob das Telefon funktioniert usw.
Student: Naja, das ist mal was ganz Anderes. Und wie viel verdient man da?
Sekretärin: So um die 12 bis 15 € die Stunde.
Student: Nicht schlecht. Der Job wäre auch eine Überlegung wert.
Sekretärin: Überlegen Sie nicht zu lange. Die Messejobs sind sehr beliebt und schnell weg.
Student: Hm. Am besten notier' ich mir jetzt mal die Telefonnummern von den zwei Anbietern und ruf da an.
Sekretärin: Prima. Also die Sprachschule hat die Nummer 0221 – 1627.

Übung 5b)

Im Studentensekretariat

Studentin: Guten Tag, Herr Kremer.
Kremer: Guten Tag. Was kann ich für Sie tun?
Studentin: Mein Name ist Jeanne Bouvier. Ich bin Erasmus-Studentin aus Frankreich und würde gern meine Sprachkenntnisse verbessern. Und da wollte ich fragen, ob es hier an der Uni nächstes Semester studienbegleitende Deutschkurse gibt.
Kremer: Ja, da bieten wir einiges an, zwei Übungen zum Hörverstehen, eine zur mündlichen Kommunikation, einen Kurs zur neuen deutschen Rechtschreibung, Deutsch für Juristen und einen Kurs zum wissenschaftlichen Schreiben.
Studentin: Hm. Wann sind denn diese Kurse? Jeden Tag?
Kremer: Nein. Die meisten sind mittwochs nachmittags, von Viertel vor drei bis sechs. Nur der Schreibkurs, der findet freitags um 14 Uhr statt und dauert drei Stunden.
Studentin: Hm, ich glaube, ich werde den Schreibkurs besuchen. Muss ich mich dafür anmelden?
Kremer: Unbedingt, denn es gibt nur 20 Plätze in diesem Kurs. Die Anmeldungen für die Kurse sind nächste Woche Montag bis Donnerstag, jeweils von 10 bis 12 Uhr. Da können Sie sich dann in die Liste eintragen. Bringen Sie zur Anmeldung bitte Ihren Studentenausweis mit.
Studentin: Ja, das mache ich. Sagen Sie, kann ich für diesen Kurs auch einen Teilnahmeschein bekommen?
Kremer: Selbstverständlich.
Studentin: Und was muss ich dafür tun?

Transkript

Kremer: Um einen Schein zu erhalten, müssen Sie regelmäßig zum Unterricht kommen und im Laufe des Semesters drei bis vier Texte schreiben.
Studentin: OK, das ist gut. Und dann habe ich noch eine letzte Frage: Kann ich mich irgendwie auf den Schreibkurs vorbereiten?
Kremer: Moment, ich guck' mal nach, was die Dozentin in der Ankündigung schreibt ...
Studentin: Danke.
Kremer: Ja, sie gibt hier ein Buch an, das man vorab lesen kann. Wenn Sie sich das notieren wollen: „Schreiben im Studium ..."

Anwendungsaufgabe 1

Text 1: Sie hören ein Bewerbungsgespräch in einem Institut für deutsche Sprache und Literatur.
Sie hören diesen Text einmal. Lesen Sie jetzt die Aufgaben 1 – 8.

Hören Sie nun den Text. Schreiben Sie beim Hören die Antworten auf die Fragen 1 – 8. Notieren Sie Stichwörter.

Ein Bewerbungsgespräch

Studentin: Herr Millert?
Millert: Ja.
Studentin: Guten Tag. Mein Name ist Marion Anders.
Millert: Guten Tag, Frau Anders.
Sie haben sich um die Stelle als studentische Hilfskraft hier bei uns beworben. Haben Sie schon mal eine Hilfskraftstelle gehabt?
Studentin: Nein, bislang noch nicht.
Millert: Was haben Sie denn an Jobs schon so gemacht?
Studentin: In den letzten Semesterferien habe ich in einem Ingenieurbüro gearbeitet; da musste ich Texte in den Computer eingeben.
Millert: Aha.
Studentin: Und davor habe bei einer Werbeagentur gearbeitet. Dort musste ich Texte Korrektur lesen.
Millert: Na, dann bringen Sie ja schon einiges an Erfahrung mit. Und im wievielten Semester studieren Sie?
Studentin: Ich bin im vierten Semester. Ich habe gerade die Zwischenprüfung gemacht.
Millert: Das ist prima. Denn, wissen Sie, Studienanfänger sind für diese Hilfskraftstelle nicht geeignet.
Studentin: Darf ich mal fragen, was man da so machen muss?
Millert: Ja, gern. Also. Die neue Hilfskraft soll sehr stark im Bereich Literaturrecherche eingesetzt werden. Da müssen Sie beispielsweise zu einem bestimmten Thema Literatur suchen. Das können Studienanfänger noch nicht. Oder wenn Angaben zu einem Aufsatz unvollständig sind, müssen die ergänzt werden. Diese Arbeit macht man in der Bibliothek; dort stehen Computer speziell für so Aufgaben der Literatursuche.
Studentin: Da kenne ich mich aus. An diesen Computern habe ich schon manchen Titel für schriftliche Hausarbeiten rausgesucht.
Millert: Schön. Ja, dann gehören Buchbestellungen zum Aufgabenbereich der Hilfskraft. Wenn also einer der Professoren ein neues Buch für die Seminarbibliothek haben will, dann muss die Hilfskraft dies bei der Bibliothekarin veranlassen.
Studentin: Muss man auch viel fotokopieren?
Millert: Es geht. Viel wichtiger ist, dass sich die Hilfskraft um die Papiere für die Seminare kümmert. Wenn beispielsweise in einem Seminar ein Programm verteilt werden soll, dann muss das einige Tage vorher zum Kopieren gegeben werden. Das macht bei uns die Druckerei der Uni. Die Hilfskraft ist dafür verantwortlich, dass das rechtzeitig geschieht und dass auch genügend Kopien gemacht werden. Vor Beginn des Seminars müssen die Kopien dann dem Dozenten gebracht werden.
Studentin: Ach ja. Und wie viel muss man so pro Tag arbeiten?
Millert: Die Arbeitszeit der studentischen Hilfskraft umfasst 8 Stunden pro Woche. Uns wäre es am liebsten, wenn die Hilfskraft zweimal für vier Stunden kommt. Wann genau, das muss man dann absprechen.
Studentin: Hm. Und darf ich noch fragen, was man verdient als studentische Hilfskraft?
Millert: Na klar! Das Gehalt liegt so bei 280 € pro Monat. Haben Sie sonst noch Fragen?
Studentin: Nein, im Augenblick eigentlich nicht.
Millert: Dann bedanke ich mich für dieses Gespräch. Wie Sie wissen, gibt's noch weitere Interessenten für diese Stelle. Sobald wir mit den anderen Bewerbern gesprochen haben, hören Sie von uns.
Studentin: Auf Wiedersehen, Herr Millert.
Millert: Auf Wiedersehen, Frau Anders.

Überprüfen Sie jetzt Ihre Lösungen.

Übung 11

Sie hören ein Interview zum Thema Sport an der Bundeswehrhochschule in München.

Ansager: Deutschlandfunk. Campus und Karriere.

Moderatorin: Campus und Karriere ist in dieser Woche auf Hochschultour in Bayern. Und unsere dritte Station ist heute die Universität der Bundeswehr in München, also eine etwas andere Universität, und das merkt man schon, wenn man hier auf das Gelände kommt und erst mal eine Schranke überwinden muss, bevor man zum eigentlichen Campus vordringen kann. Und hier stehen wir jetzt zwischen Hörsaalgebäuden, die mit Bäumen umsäumt sind, also es gibt ne Menge Grün, wie sich das für einen ordentlichen Campus gehört. Und was sich nun genau zwischen Kaserne und den Hörsälen abspielt, das hören Sie jetzt, und am Mikrofon begrüßt Sie dazu Brigitte Kramer.

Transkript

Und ich bin hier Zeuge eines sportlichen Wettbewerbes, denn heute findet hier moderner Fünfkampf statt. Man kann sich das so vorstellen, am Rande des Campusgeländes, mitten auf die grüne Wiese draufgebaut, gibt es hier einen kleinen Fechtparcours. Drüben ist der Schießstand. Und nun weiß ich nicht genau, welches die anderen Disziplinen im modernen Fünfkampf sind. Das Schwimmen gehört dazu, das Reiten und das Laufen. Ich beobachte jetzt gerade zwei Fechter beim Wettkampf, zwei Studenten der Bundeswehruniversität, die darf ich auch gar nicht stören, Fechten ist Konzentrationssache. Und natürlich sind sie in weißer Uniform, also ganz untypisch für die Bundeswehr. Aber neben mir stehen zwei andere Fechter. Die muss ich mal fragen: Wie oft steigen Sie denn in diese Fechtausrüstung rein?

Student 1: Ein- bis zweimal die Woche. Montags und donnerstags ist Training, ja, und dann bei Wettkämpfen, wie heute hier, halt mal mittwochs.

Moderatorin: Bekommen Sie dafür 'nen Seminarschein, oder machen Sie das aus reiner Freude?

Student 1: Das ist die reine Freude. Der Spaß am Sport, und körperliche Fitness, was so alles zum Offiziersberuf halt dazugehört.

Moderatorin: Sie haben die freie Wahl. Es gibt viele verschiedene Sportarten – was wird alles angeboten an der Bundeswehruni?

Student 2: Ach, eigentlich alles, die Ballsportarten und dann, ja, Fechten und so weiter. Judo, Selbstverteidigungswettkämpfe usw. Das geht hin bis zu den Marathonläufen, wo unsere Unimannschaft auch recht erfolgreich teilnimmt, in Hamburg, in Berlin usw. Ich bin halt im Ballsportbereich tätig.

Moderatorin: Nochmal das Stichwort „die reine Freude": Bei uns ist nämlich Oberstleutnant Müller, der für den Sport hier verantwortlich ist. Ehm, ist es wirklich die reine Freude, oder gibt es auch Pflichtsport?

Oberstleutnant Müller: Es gibt auch Pflichtsport, weil jeder Offizier die Verpflichtung zur körperlichen Fitness hat. Das Training wird aber hier völlig in die Verantwortung der Studenten gelegt. Das heißt, sie teilen selber ihre Trainingsstunden so ein, wie sie es für richtig halten, wie es in ihren studentischen Ablaufplan passt. Es wird aber einmal im Jahr in Anführungsstrichen „geprüft", ob die erforderlichen Leistungen auch gebracht werden. Und wenn nicht, dann wird gegebenenfalls auch mal nachgebessert.

Moderatorin: Das würde mich interessieren: Wenn Sie den Eindruck haben, ein Student lässt es an der nötigen körperlichen Fitness vermissen – was tun Sie dann?

Oberstleutnant Müller: Dann wird ihm unter vielen Möglichkeiten die Wahl gelassen, seine Fitness in den beiden Winterquartalen zu verbessern, indem er an den von dem Sportzentrum angebotenen Kursen teilnimmt. Das kann alles Mögliche sein. Das kann Aerobic-Training sein, Fitnesstraining allgemein, das kann Kraftsport sein, je nachdem, wo seine Defizite sind.

Moderatorin: Warum ist denn der Sport hier so wichtig? Man könnte ja auf die Idee kommen, das ist in der Studienzeit Zeitverschwendung.

Student 1: Zeitverschwendung – Sport ist nie Zeitverschwendung. Es gibt so'n Spruch, eh – ein gesunder Geist in einem gesunden Körper. Und das prägt natürlich auch das Studentenleben hier am Campus. Das Studentenleben hier unterscheidet sich durch die Trimester ziemlich stark von den Semestern eines normalen Studenten. Und auch sonst gibt's hier andere Voraussetzungen und Belastungen.

Moderatorin: Vielen Dank. Das waren Eindrücke vom Studentensport hier an der Bundeswehruni.

nach: DeutschlandRadio, 2000 Köln; © Jürgen Wiebecke und Bettina Köster

Anwendungsaufgabe 2

Text 2: Sie hören ein Interview zum Thema „Studiengang Europäisches Recht an der Universität Passau".
Sie hören dieses Interview einmal. Lesen Sie jetzt die Aufgaben 9 – 18.

Hören Sie nun das Interview. Entscheiden Sie beim Hören, welche Aussagen richtig oder falsch sind. Markieren Sie die passende Antwort.

Moderatorin: Campus ist auf Tour in dieser Woche, und zwar sind wir heute an der Universität Passau. Und da ist neben den Kulturwissenschaften die Juristerei ein weiteres Aushängeschild. Und Professor Holger Bremer ist Professor an der Juristischen Fakultät. Herr Professor Bremer, warum hat denn die Juristerei so einen guten Ruf?

Professor. Bremer: Weil – Jura gehört neben der katholischen Theologie ja zu den klassischen Ausbildungsfächern, und es ist immer noch ein Studium, das in relativ kurzer Zeit absolviert werden kann. Und mit einem Jurastudium hat man gute Chancen für den späteren Beruf, den Staatsdienst, in der Anwaltschaft, in der Wirtschaft. Und ich meine nicht, dass die Berufsaussichten so schlecht geworden sind. Eine gute Ausbildung – und für die sorgen wir in Passau – hat allemal noch den Vorteil, dass man das Leben später meistern kann.

Moderatorin: Sie haben mir vorhin gesagt, dass auch einige Ihrer Studenten hierher gekommen sind. Wollen wir doch mal schaun: Sind Sie Jurist, hier vorne?

Student: Ja, ich bin Jurist.

Moderatorin: Und wie gefällt's Ihnen hier?

Student: Ah, sehr gut, eigentlich. Also die Studienbedingungen sind gut. Und das Fach macht auch Spaß.

Moderatorin: Was ist denn das Besondere daran, hier Jura zu studieren?

Student: Ich denk, es ist ein wenig anspruchsvoller als an anderen Unis. Und die Sprachausbildung ist sicherlich auch ein besonderes Merkmal.

Moderatorin: Das heißt, dass man zusätzlich zur Juristenausbildung dann auch noch Sprachen lernt?

Student: Ja, man lernt Sprachen und man lernt das Recht des jeweiligen Landes, also zum Beispiel Französisch oder Englisch und dann halt auch mit französischem und englischem Recht.

Moderatorin: Herr Professor Bremer, Sie sind also international ausgerichtet hier an der Uni. Und jetzt, ab dem kommenden Semester, soll noch was Zusätzliches dazukommen, nämlich ein Masterstudiengang Europäisches Recht. Was steckt denn da genau dahinter?

Transkript

Professor Bremer: Das ist ein Aufbaustudiengang, für den sich Absolventen des ersten Staatsexamens einschreiben können. Wer dabei eine bestimmte Punktzahl erreicht hat – die ist nicht sehr hoch, also kein Elitestudium – der kann dann mit diesem Zusatzstudium den Titel eines Master des europäischen Rechts erwerben. Dieser Abschluss ist international vergleichbar und berücksichtigt, dass ja in zunehmendem Maße die Juristenausbildung global ausgerichtet ist. Grenzüberschreitend. Das befähigt die Absolventen in hervorragender Weise, sich bevorzugt bei internationalen Organisationen zu bewerben.

Moderatorin: Heißt das, dass die Studenten während des Studiums dann auch schon mal ins Ausland gehen?

Professor Bremer: Es ist sowieso bei uns vorgesehen, dass die Jurastudenten im Rahmen ihrer fachspezifischen Fremdsprachenausbildung einen Auslandsaufenthalt haben. Und dass dieser Auslandsaufenthalt nicht angerechnet wird auf die Studienzeit bis zur Anmeldung zum Examen. Normalerweise müssen sich die Studenten nach 8 Semestern zum Examen melden. Und wer ins Ausland geht, für den verlängert sich die Zeit.

Moderatorin: Ach so. Kommen wir noch mal zurück auf den neuen Aufbaustudiengang „Europäisches Recht". Also, man muss dafür ja vorher sein erstes Staatsexamen gemacht haben. Kann man sich denn Studienleistungen aus dem regulären Jurastudium eigentlich anrechnen lassen?

Professor Bremer: Es ist so, für diesen Masterstudiengang können bestimmte Teilerfolge des gewöhnlichen Juristenausbildungsganges angerechnet werden. Da gibt's ein sehr kompliziertes Verfahren bzw. Vorschriften, aber das geht.

Moderatorin: Gibt's denn schon Bewerber?

Professor. Bremer: Ja, wir starten ja jetzt im Winter. Die Sache war bislang im Ministerium. Das war ein etwas aufwendiges Genehmigungsverfahren. Das ist mittlerweile abgeschlossen worden. Es ist in Kraft, und jetzt schaun wir mal, was im Winter auf uns zukommen wird.

Moderatorin: Professor Bremer war das, von der Juristischen Fakultät.

nach: Campus und Karriere, 2000, DeutschlandRadio, Köln; © Jürgen Wiebecke und Bettina Köster

Überprüfen Sie jetzt Ihre Lösungen.

Übung 13b

Sie hören einen kurzen Vortrag von Herrn Professor Müller zum Thema Mehrsprachigkeit.

Professor Müller

Meine Damen und Herren,

ich begrüße Sie herzlich zum Mittagsvortrag im Universitätsclub. Ich werde heute zum Thema „Mehrsprachigkeit" sprechen. Im ersten Teil meiner Ausführungen werde ich kurz erläutern, was unter „Mehrsprachigkeit" verstanden wird. Im zweiten Teil meiner Ausführungen geht es um die so genannte „echte Mehrsprachigkeit" – ein Konzept, das in jüngster Zeit im Mittelpunkt mancher sprachenpolitischen Diskussion steht.

Übung 17

Sie hören einen kurzen Vortrag von Herrn Professor Müller zum Thema Mehrsprachigkeit.

Professor Müller

Meine Damen und Herren,

ich begrüße Sie herzlich zum Mittagsvortrag im Universitätsclub. Ich werde heute zum Thema „Mehrsprachigkeit" sprechen. Im ersten Teil meiner Ausführungen werde ich kurz erläutern, was unter „Mehrsprachigkeit" verstanden wird. Im zweiten Teil meiner Ausführungen geht es um die so genannte „echte Mehrsprachigkeit" – ein Konzept, das in jüngster Zeit im Mittelpunkt mancher sprachenpolitischen Diskussion steht.

Im Jahr 2001 – dem „Europäischen Jahr der Sprachen" – wurde in vielen Reden ein wichtiges sprachenpolitisches Ziel der Europäischen Union angesprochen: Jeder Bürger soll drei Gemeinschaftssprachen beherrschen. Die Europäer sollen also mehrsprachig werden.
Was bedeutet nun „mehrsprachig"? Eine Person wird dann als mehrsprachig bezeichnet, wenn sie mindestens zwei Fremdsprachen beherrscht. Ein Beispiel: Nehmen Sie eine Tochter aus einer türkischen Migrantenfamilie: Zu Hause spricht sie Türkisch, mit ihren Arbeitskollegen Deutsch. Da sie an einer Hotelrezeption arbeitet, benutzt sie außerdem Englisch und Französisch. Diese junge Frau ist in der Tat mehrsprachig!
„Mehrsprachigkeit" in diesem Sinne, also auf eine Person bezogen, nennt man „individuelle" Mehrsprachigkeit.

Von der individuellen Mehrsprachigkeit ist die kollektive oder gesellschaftliche Mehrsprachigkeit zu unterscheiden. Gesellschaftliche Mehrsprachigkeit bezieht sich auf eine Sprachgemeinschaft. Das heißt, wenn die Bevölkerung eines Landes mehr als zwei Sprachen für die Kommunikation miteinander und untereinander verwendet. Ein Beispiel für kollektive Mehrsprachigkeit in Europa ist die Schweiz. In der Schweiz gibt es vier Landessprachen: Deutsch, Französisch, Italienisch und Rätoromanisch.

Eine dritte Bedeutung des Begriffs „Mehrsprachigkeit" bezieht sich auf die so genannte „schulische Mehrsprachigkeit". Schulische Mehrsprachigkeit liegt dann vor, wenn in einer Schule mehr als zwei Fremdsprachen angeboten werden. Sie alle kennen Schulen, die neben den Standard-Fremdsprachen Englisch und Französisch etwa Italienisch und/oder Spanisch anbieten. Oder Russisch wie vielfach in Ostdeutschland. Gelegentlich finden Sie heute übrigens auch Angebote in Chinesisch oder Japanisch …

Ich fasse zusammen: Mehrsprachigkeit ist ein Begriff mit verschiedenen Bedeutungsdimensionen. Als wichtigste lassen sich unterscheiden die individuelle, die kollektive und die schulische Mehrsprachigkeit.

Transkript

Kommen wir noch einmal zurück zum eingangs erwähnten Ziel der Europäischen Union, jeder Bürger solle drei Gemeinschaftssprachen – d.h. seine Muttersprache und zwei Fremdsprachen – beherrschen. Damit ist eine echte Mehrsprachigkeit angesprochen. Der Begriff „echte Mehrsprachigkeit" bezieht sich auf die sprachlichen Fähigkeiten eines Individuums, nicht auf gesellschaftliche Mehrsprachigkeit. Echte Mehrsprachigkeit des Individuums setzt mit dem Lernen der zweiten Fremdsprache ein.

Bedeutet nun echte Mehrsprachigkeit, dass in den Fremdsprachen das gleiche Kompetenzniveau, gar nahezu muttersprachliche Kompetenz erreicht wird?

Dies wird von Seiten der Sprachlehrforschung verneint: Karl-Richard Bausch etwa schlägt vor, das Lernziel einer nahezu „muttersprachlichen Kompetenz" für jede neu zu erlernende Sprache zu überdenken.

Bei der ersten Fremdsprache kann es ja durchaus sinnvoll sein, ein möglichst hohes allgemeinsprachliches Kompetenzniveau anzustreben. Aber in der zweiten Fremdsprache könnte der Akzent auf fachorientiertem Lernen liegen, indem beispielsweise das Fach Geschichte auf Französisch unterrichtet wird. Und lernt man eine dritte Fremdsprache, dann mag man sich vielleicht auf die Vermittlung bestimmter Fertigkeiten spezialisieren, z.B. auf das Lesen oder auf die mündliche Kommunikation.

Das Lernen von Fremdsprachen, so wird heute vielfach gefordert, darf aber nicht auf den schulischen Fremdsprachenunterricht beschränkt bleiben. Vielmehr sollte ein lebenslanges Fremdsprachenlernen angestrebt werden. Warum nicht mit 25, 40 oder sechzig Jahren noch eine Fremdsprache lernen?

Heute sprechen – einer neueren Umfrage zufolge – nur 26% der Bürger Europas zwei Fremdsprachen. Das oben erwähnte Ziel – Mehrsprachigkeit der Bürger Europas – ist also noch ein Stück weit entfernt und bedarf der Unterstützung.

Daher bietet die Europäische Union einige Hilfe beim Sprachenlernen: Es gibt beispielsweise Schüleraustauschprogramme, Sprachprogramme für Berufstätige, Praktika im Ausland usw. Die Angebote müssen nur genutzt werden!

Wie heißt es so schön in den Broschüren der Europäischen Union? „Sprachen lernen öffnet Türen – und jeder kann es!" Nutzen Sie die Möglichkeiten, meine Damen und Herren! Werden Sie mehrsprachig!

Ich danke Ihnen für Ihre Aufmerksamkeit.

Anwendungsaufgabe 3

Hörtext 3: Aufgaben 19 – 25. Sie hören einen kurzen Vortrag von Frau Professor Regler zum Thema Hirnforschung am Menschen.

Sie hören diesen Vortrag zweimal.

Lesen Sie jetzt die Aufgaben 19 – 25.

Hören Sie nun den Text ein erstes Mal. Beantworten Sie beim Hören die Fragen 19 – 25 in Stichworten.

Frau Professor Regler:

Ich möchte Ihnen heute einen kurzen Einblick in die Hirnforschung am Menschen geben. Bevor wir zur Hirnforschung kommen, betrachten wir zunächst das Gehirn selbst:

Mit ca. 1500 Gramm ist das Gehirn ein eher kleines Organ. Dicht gepackt sind dort allerdings die Nervenzellen: Mindestens 10 Milliarden Nervenzellen mit bis zu 15.000 Kontaktstellen, den Synapsen, stehen allein für die Informationsverarbeitung im Gehirn zur Verfügung. Die Komplexität des Gehirns wird auch durch eine andere Schätzung deutlich: Man vermutet, dass 50% der Gene ausschließlich für den Aufbau des Gehirns und für die Aufrechterhaltung seiner erstaunlichen Leistungen benötigt werden.

Die Leistungsfähigkeit des Gehirns ist tatsächlich enorm, wenn man es z.B. mit technischen Leistungen vergleicht: Erst kürzlich wurde in den Medien ein Auto fahrender Roboter als große Sensation gefeiert. Dabei leisten Millionen von Autofahrern in der Republik dies täglich – und machen noch viele andere Dinge nebenbei. Diese Leistungsfähigkeit des Gehirns ist bisher noch von keinem technischen Gerät erreicht worden.

Ich komme nun zur Hirnforschung. Gegenstand der Hirnforschung ist der Aufbau und die Funktion des menschliches Gehirns. Die Forschung am menschlichen Gehirn ist dadurch eingeschränkt, dass das Gehirn ein sehr empfindliches und natürlich schützenswertes Organ ist. Und Messungen an diesem Organ waren bisher recht schwierig. Aus diesem Grund hat man viele Funktionen an kranken Menschen erforscht, d.h. an Patienten, bei denen Teile des Gehirns durch eine Erkrankung oder Verletzung ausgefallen waren. Als Folge der Erkrankung oder Verletzung treten Einschränkungen in der Leistungsfähigkeit des Gehirns auf. Diese Einschränkungen hat man dann so interpretiert, dass die jeweilige Leistung beim gesunden Menschen offensichtlich vorher von der jetzt zerstörten oder erkrankten Hirnstruktur erbracht wurde.

Die so angelegte Forschung ergab allerdings nur ein sehr unvollständiges Bild.

Ein erster Schritt hin zur ungefähren Erforschung des gesunden Gehirns gelang durch die Entdeckung, dass im Gehirn elektrische Ströme fließen. Diese Bio-Elektrizität kann man messen, und zwar mit einem Verfahren, das von der Kopfoberfläche her vorgenommen wird. Allerdings zeigte sich, dass man bei diesem Verfahren nur ein ungenaues Bild des Gehirns erhält. Dazu kommt, dass manche Hirnregionen mit diesem Verfahren nicht ohne weiteres zugänglich sind. Zu diesen Hirnregionen gehören auch die, die für die Sprache oder das Gedächtnis zuständig sind.

Heute ist man da einen Schritt weiter, denn es wurden neue Verfahren entwickelt. Dabei ist es gelungen, kleinste Messinstrumente in einzelne Hirnregionen einzubringen, so dass man die Bioelektrizität einzelner Nervenzellen quasi vor Ort messen kann.

Ein weiteres neues Verfahren ist die Kernspintomographie. Bei diesem Verfahren wird der rote Blutfarbstoff analysiert, denn man hat festgestellt, dass er sich magnetisch verändert. Wenn er seinen Sauerstoff ins Gewebe abgegeben hat, verhält er sich magnetisch anders, als wenn er reich mit Sauerstoff beladen ist. Bei der Kernspintomographie werden diese magnetischen Differenzen erfasst. In einer Abbildung des Gehirns werden diese Differenzen mithilfe von verschiedenen Farben dargestellt. So kann man die Hirnregionen

Transkript

identifizieren, die bei einer ganz bestimmten Leistung hoch aktiv werden. Mit dieser Methode konnte man die Verarbeitung der Seh-Informationen untersuchen. Auch die Sprache des Menschen und die ihr zugeordneten Hirnregionen können damit schon recht gut untersucht werden. Schwieriger ist die Untersuchung von Gedächtnis- und Emotionsleistungen: Es wird noch einige Jahre dauern, bis dort die ersten wirklichen Geheimnisse gelüftet werden.

Zum Schluss sei bemerkt, dass die Erforschung des menschlichen Gehirns natürlich eine große Bedeutung für alle neurologischen Erkrankungen hat.
Wie wir gesehen haben, hat es in den letzten Jahren bedeutende Fortschritte in der Hirnforschung gegeben. In der Folge sind insgesamt auch große Fortschritte bei der Diagnose und Behandlung von neurologischen Erkrankungen zu verzeichnen.
Aber eine ganze Reihe von neurologischen Erkrankungen lassen sich bis heute nur sehr unzureichend behandeln. Das liegt zum Teil daran, dass sie erst in einem fortgeschrittenen Stadium erkannt werden, also in einem Stadium, wo Medikamente nicht mehr viel bewirken können. Ziel muss daher sein, diese Krankheiten viel früher zu erkennen. Nur wenn es uns dies gelingt, können wir diese Krankheiten auch erfolgreich behandeln.

Ergänzen Sie jetzt Ihre Stichwörter.

Sie hören jetzt den Text ein zweites Mal.

Frau Professor Regler:

Ich möchte Ihnen heute einen kurzen Einblick in die Hirnforschung am Menschen geben. Bevor wir zur Hirnforschung kommen, betrachten wir zunächst das Gehirn selbst:
Mit ca. 1500 Gramm ist das Gehirn ein eher kleines Organ. Dicht gepackt sind dort allerdings die Nervenzellen: Mindestens 10 Milliarden Nervenzellen mit bis zu 15.000 Kontaktstellen, den Synapsen, stehen allein für die Informationsverarbeitung im Gehirn zur Verfügung. Die Komplexität des Gehirns wird auch durch eine andere Schätzung deutlich: Man vermutet, dass 50% der Gene ausschließlich für den Aufbau des Gehirns und für die Aufrechterhaltung seiner erstaunlichen Leistungen benötigt werden.
Die Leistungsfähigkeit des Gehirns ist tatsächlich enorm, wenn man es z.B. mit technischen Leistungen vergleicht: Erst kürzlich wurde in den Medien ein Auto fahrender Roboter als große Sensation gefeiert. Dabei leisten Millionen von Autofahrern in der Republik dies täglich – und machen noch viele andere Dinge nebenbei. Diese Leistungsfähigkeit des Gehirns ist bisher noch von keinem technischen Gerät erreicht worden.

Ich komme nun zur Hirnforschung. Gegenstand der Hirnforschung ist der Aufbau und die Funktion des menschliches Gehirns. Die Forschung am menschlichen Gehirn ist dadurch eingeschränkt, dass das Gehirn ein sehr empfindliches und natürlich schützenswertes Organ ist. Und Messungen an diesem Organ waren bisher recht schwierig. Aus diesem Grund hat man viele Funktionen an kranken Menschen erforscht, d.h. an Patienten, bei denen Teile des Gehirns durch eine Erkrankung oder Verletzung ausgefallen waren. Als Folge der Erkrankung oder Verletzung treten Einschränkungen in der Leistungsfähigkeit des Gehirns auf. Diese Einschränkungen hat man dann so interpretiert, dass die jeweilige Leistung beim gesunden Menschen offensichtlich vorher von der jetzt zerstörten oder erkrankten Hirnstruktur erbracht wurde.

Die so angelegte Forschung ergab allerdings nur ein sehr unvollständiges Bild.

Ein erster Schritt hin zur ungefährlichen Erforschung des gesunden Gehirns gelang durch die Entdeckung, dass im Gehirn elektrische Ströme fließen. Diese Bio-Elektrizität kann man messen, und zwar mit einem Verfahren, das von der Kopfoberfläche her vorgenommen wird. Allerdings zeigte sich, dass man bei diesem Verfahren nur ein ungenaues Bild des Gehirns erhält. Dazu kommt, dass manche Hirnregionen mit diesem Verfahren nicht ohne weiteres zugänglich sind. Zu diesen Hirnregionen gehören auch die, die für die Sprache oder das Gedächtnis zuständig sind.
Heute ist man da einen Schritt weiter, denn es wurden neue Verfahren entwickelt. Dabei ist es gelungen, kleinste Messinstrumente in einzelne Hirnregionen einzubringen, so dass man die Bioelektrizität einzelner Nervenzellen quasi vor Ort messen kann.
Ein weiteres neues Verfahren ist die Kernspintomographie. Bei diesem Verfahren wird der rote Blutfarbstoff analysiert, denn man hat festgestellt, dass er sich magnetisch verändert. Wenn er seinen Sauerstoff ins Gewebe abgegeben hat, verhält er sich magnetisch anders, als wenn er reich mit Sauerstoff beladen ist. Bei der Kernspintomographie werden diese magnetischen Differenzen erfasst. In einer Abbildung des Gehirns werden diese Differenzen mithilfe von verschiedenen Farben dargestellt. So kann man die Hirnregionen identifizieren, die bei einer ganz bestimmten Leistung hoch aktiv werden. Mit dieser Methode konnte man die Verarbeitung der Seh-Informationen untersuchen. Auch die Sprache des Menschen und die ihr zugeordneten Hirnregionen können damit schon recht gut untersucht werden. Schwieriger ist die Untersuchung von Gedächtnis- und Emotionsleistungen: Es wird noch einige Jahre dauern, bis dort die ersten wirklichen Geheimnisse gelüftet werden.

Zum Schluss sei bemerkt, dass die Erforschung des menschlichen Gehirns natürlich eine große Bedeutung für alle neurologischen Erkrankungen hat.
Wie wir gesehen haben, hat es in den letzten Jahren bedeutende Fortschritte in der Hirnforschung gegeben. In der Folge sind insgesamt auch große Fortschritte bei der Diagnose und Behandlung von neurologischen Erkrankungen zu verzeichnen.
Aber eine ganze Reihe von neurologischen Erkrankungen lassen sich bis heute nur sehr unzureichend behandeln. Das liegt zum Teil daran, dass sie erst in einem fortgeschrittenen Stadium erkannt werden, also in einem Stadium, wo Medikamente nicht mehr viel bewirken können. Ziel muss daher sein, diese Krankheiten viel früher zu erkennen. Nur wenn es uns dies gelingt, können wir diese Krankheiten auch erfolgreich behandeln.

Überprüfen Sie jetzt Ihre Lösungen.

Transkript

Modelltest Hörverstehen

Sie hören insgesamt drei Texte. Die Texte 1 und 2 hören Sie einmal, den Text 3 hören Sie zweimal. Schreiben Sie Ihre Lösungen zunächst hinter die Aufgaben. Am Ende des Prüfungsteils Hörverstehen haben Sie 10 Minuten Zeit, um Ihre Lösungen auf das Antwortblatt zu übertragen.

Text 1. Sie hören ein Gespräch in einem Geologischen Institut. Sie hören diesen Text einmal. Lesen Sie jetzt die Aufgaben 1 – 8.

Hören Sie nun den Text. Schreiben Sie beim Hören die Antworten auf die Fragen 1– 8. Notieren Sie Stichwörter.

Eine Exkursion

Student: Tag, Frau Helbig. Ich komme wegen der Exkursion nach Dotternhausen; ich hab den Aushang draußen gelesen und wollte mal fragen, ob da noch Plätze frei sind.
Helbig: Ja, da sind noch mehrere Plätze frei.
Student: Prima. Und können Sie mir sagen, was da die Voraussetzungen für die Teilnahme sind?
Helbig: Also, wer an der Exkursion teilnehmen will, der muss erstens das Vordiplom haben und zweitens die Vorlesung „Erdölchemie" besucht haben.
Student: Das trifft sich gut. Mein Vordiplom hab ich letztes Semester gemacht und die Vorlesung hab ich auch schon gehört.
Helbig: Gut, dann erfüllen Sie ja die Voraussetzungen.
Student: Sagen Sie, was kostet die Exkursion noch mal?
Helbig: Insgesamt 150 € für Übernachtung und Reise. 50 € Anzahlung müssen Sie hier bei mir mit der Anmeldung leisten, den Rest können Sie dann später überweisen.
Student: Okay. Mach ich. Und wie sieht's mit der Ausrüstung aus? Müssen wir da das Übliche mitnehmen?
Helbig: Nein, diesmal nicht. Sie brauchen nur einen Hammer und wetterfeste Kleidung. Und natürlich was zu schreiben und so …
Student: Gibt es für diese Exkursion einen Leistungsnachweis oder einen Teilnahmeschein?
Helbig: Wenn Sie einen Leistungsnachweis haben wollen, dann müssen Sie einen Vortrag über ein geochemisches Thema halten. Und nach der Exkursion müssen Sie ein Exkursionsprotokoll anfertigen.
Student: Haben Sie denn eine Themenliste, aus der ich mir schon mal ein Vortragsthema auswählen kann?
Helbig: Nein, leider nicht. Die Themen für die Vorträge werden alle bei der Vorbesprechung nächste Woche vergeben.
Student: Hm. Wann genau ist denn die Vorbesprechung?
Helbig: Am Dienstag um 16 Uhr hier im Institut, in Raum 256. Da werden dann auch die Themen erläutert.
Student: Ah ja. Und danach wählt man sich eins aus …
Helbig: Nein, es gibt eine Verlosung. Die Themen werden ausgelost. Jeder zieht eine Karte mit einem Thema. Und dazu muss er oder sie dann einen Vortrag erarbeiten.
Student: Ach, so geht das. – Wann müssen wir unseren Vortrag eigentlich halten?
Helbig: Das kommt auf das Thema an, das Sie gezogen haben. Ein Teil der Vorträge soll während des Vorbereitungsseminars gehalten werden, also noch vor der Exkursion. Die anderen Vorträge dann während der Exkursion, jeweils vor Ort.
Student: Sie sagten, dass man auch ein Exkursionsprotokoll anfertigen muss. Wann muss man das denn abgeben?
Helbig: Ich denke, einen Monat nach Ende der Exkursion sollten Sie das eingereicht haben.
Student: Gut, dann will ich mich jetzt mal in die Exkursionsliste eintragen.
Helbig: Ja, gern. Haben Sie die 50 € dabei?

Überprüfen Sie jetzt Ihre Lösungen.

Ende Teil 1.

Text 2. Sie hören ein Interview, das an der Katholischen Universität Eichstätt geführt wurde.
Sie hören dieses Interview einmal. Lesen Sie jetzt die Aufgaben 9 – 18.

Hören Sie nun das Interview. Entscheiden Sie beim Hören, welche Aussagen richtig oder falsch sind. Markieren Sie die passende Antwort.

Hochschulranking: Eichstätt

Moderator: Wir sind heute zu Besuch an der Katholischen Universität Eichstätt. Sie hat den ersten Platz gemacht beim Ranking 1999 des Nachrichtenmagazins „Der Spiegel". Ich würde gern mal wissen von Tim Schmitt und Tanja Baier – sie sind vom Studentenparlament – womit hat sich denn Eichstätt diesen ersten Platz verdient?
Frau Baier: Ja, ich denk', erst mal durch den persönlichen Kontakt zwischen den Professoren und den Studierenden, dass man halt weiß, wie man mit Namen heißt und nicht einfach nur 'ne Nummer ist. Das ist bestimmt positiv an so 'ner kleinen Universität. Was ich noch gut finde, das sind die Studienbedingungen, also man hat 'ne große Bibliotheksauswahl, was bestimmt positiv im Ranking mit reingespielt hat.
Moderator: Trauen Sie sich, einfach zum Professor an die Tür zu gehen und zu klopfen?
Frau Baier: Ja, auf jeden Fall! Also, man kennt sich, Man trifft sich auch in der Mensa. Man kennt sich auch mit Namen, auf jeden Fall ist es positiv zu bewerten.
Moderator: Tim Schmitt, was ist denn hier in Eichstätt passiert, als die hiesige Uni diesen ersten Platz gemacht hat?
Herr Schmitt: Naja, ich glaub, die meisten waren erst mal sehr zufrieden und stolz darauf, die eigene Universität auch mit Fotos im Nachrichtenmagazin zu sehen. Aber es gab auch einige kritische Stimmen. Z.B. hieß es „Naja, es wurden ja die Studierenden befragt. Die Studierenden haben die Universität auf Platz eins gehoben." Und von den Studenten haben

Transkript

manche gesagt, ja, es gibt auch negative Sachen. Die Kleinheit der Uni kann natürlich auch heißen, dass man dieselben Leute immer wieder trifft, dieselben Professoren wieder in allen Prüfungen hat. Und wenn man sich mit denen nicht so gut versteht, hat das natürlich auch Nachteile.

Moderator: Also nochmal zur Kleinheit der Uni. Mir erscheint es nicht so ganz leicht, zehn Semester hier zu verbringen.

Frau Baier: Naja, es ist gewöhnungsbedürftig, wenn man aus der Großstadt kommt. Aber: Man lernt sich gut kennen, auch Kommilitonen aus anderen Studiengängen. Und es gibt viele Feten, weil's zum Weggehen halt nicht so viele Möglichkeiten gibt. Feten finden privat statt oder auch große Uniparties.

Moderator: Was könnte denn besser gemacht werden? Darauf soll doch eigentlich das Studentenparlament aufmerksam machen. Was fällt Ihnen dazu ein?

Herr Schmitt: Ja, mehr Mitbestimmung der Studierenden, das ist in Bayern ein Problem. Wir haben hier sehr wenig zu sagen.

Moderator: Aber in unserem Diskussionsforum können die Studenten ja ihre Meinung sagen. Seit einigen Tagen haben wir nämlich ein Diskussionsforum zu den Studienbedingungen im Internet. Und nun bin ich hierbei Nora Huber. Sie sitzt hier vor einem Computer. Was haben denn die Eichstätter Studierenden so beigetragen?

Frau Huber: Also, die Eichstätter Studierenden sind sehr zufrieden. Sie sagen, sie würden an ihrer Hochschule gar nicht so viel verändern. Sie loben den guten Kontakt zu den Dozenten. Viele sagen auch, es gibt gute technische Projekte, gerade auch in den kommunikationswissenschaftlichen Studiengängen. Man kann hier gern mal ein Kurzfilmprojekt drehen oder auch im Internet ganz gut recherchieren. Die Studenten hätten auch ganz gern mal moderne Medien in den Lehrveranstaltungen. Sie wünschen sich Internetprojekte und möchten Präsentationstechniken lernen.

Moderator: Es haben sich hier inzwischen etliche Zuhörer versammelt. Ich würde gerne wissen, in welchen Momenten denken Sie „Toll, dass ich in Eichstätt studiere?"

Studentin: Es ist wirklich so, dass ich gern hier studiere, weil eben der persönliche Kontakt da ist mit den Studenten, weil ich viele Leute treffe, mit denen ich mich gut verstehe und die ich immer wieder treffe. Und ich finde die technische Ausstattung bei uns sehr gut. Ich studiere nämlich Journalistik. Und wir haben eine sehr gut und sehr modern ausgestattete Lehrredaktion.

Moderator: Eichstätt und das Ranking. Mal gucken, ob dieser erste Platz beständig bleibt.

nach: Campus und Karriere, 2000, DeutschlandRadio, Köln; © Jürgen Wiebecke und Bettina Köster

Überprüfen Sie jetzt Ihre Lösungen.

Ende Teil 2.

Text 3. Sie hören einen kurzen Vortrag von Frau Professor Tiedemann zum Thema „Mathematik und Wirklichkeit". Sie hören diesen Vortrag zweimal. Lesen Sie jetzt die Aufgaben 19 – 25.

Hören Sie nun den Text ein erstes Mal. Beantworten Sie beim Hören die Fragen 19 – 25 in Stichworten.

Frau Professor Tiedemann:

Meine Damen und Herren;
ich möchte Ihnen heute einen kurzen historischen Überblick über das Verhältnis von Mathematik und Wirklichkeit geben.
Ihren Ausgang hat die Mathematik von praktischen Fragestellungen genommen. Wollte man z.B. wissen, ob der Hirte alle Tiere wieder von der Weide zurückgebracht hatte, so musste man zählen können. Zählen bedeutet zunächst nicht, dass man abstrakte Zahlwörter – 1, 2, 3 usw. – verwendet, wie wir es heute tun. Aus dem 15 Jahrhundert vor Chr. ist uns ein Zählverfahren überliefert, das damals im Zweistromland, also dem heutigen Irak, verwendet wurde. Es bestand darin, dass für jedes Tier, das morgens auf die Weide getrieben wurde, ein Stein beiseite gelegt wurde. Kamen die Tiere abends zurück, nahm man für jedes Tier einen Stein weg. Auf diese Weise konnte man überprüfen, ob zwei Mengen übereinstimmten. Oder eine andere Fragestellung: Man wollte einen Kanal zur Bewässerung der Felder bauen. Durch Messen und Rechnen sollten konkrete Probleme beim Bau dieses Kanals gelöst werden. Wie breit, wie tief, wie lang soll der Kanal gegraben werden?
Es gab also schon vor der klassischen Antike, d.h. vor den alten Griechen, eine leistungsfähige Mathematik. Diese vorgriechische Mathematik handelte von konkreten Gegenständen, sie war mit praktischen Fragen des Alltagslebens verbunden und sollte zu ihrer Lösung beitragen.

Die konkrete Anschaulichkeit der Mathematik endete mit der Mathematik der Griechen, denn sie begannen, mit Abstraktionen zu arbeiten. In der vorgriechischen Mathematik waren Zahlen, wie eben bereits erwähnt, eine Ansammlung von bestimmten Dingen. z.B. fünf Brote oder fünf Ochsen. Fünf Brote und fünf Ochsen hatten nichts gemeinsam, da die Gegenstände – Brote und Ochsen – ganz unterschiedliche Eigenschaften aufweisen. Die Griechen erkannten nun, dass alle Mengen von „Fünf" etwas Gemeinsames haben, nämlich den abstrakten Begriff „Fünf", der alle möglichen Mengen von fünf Elementen bezeichnet. In der griechischen Mathematik ist auch nicht mehr die Rede von einem bestimmten Kanal, der gebaut werden soll, sondern es ist die Rede von Geraden, von Punkten, von Winkeln, von Kreisen.
Damit waren nicht mehr konkrete Gegenstände Elemente der Mathematik, sondern abstrakte Begriffe.

Aber wie ist dann das Verhältnis von Mathematik und Wirklichkeit? Seit mehr als 2000 Jahren sind Philosophen und Mathematiker deshalb der Frage nachgegangen, ob die Mathematik ein Teil der Wirklichkeit ist, die wir entdecken, oder ob mathematische Objekte Produkte des menschlichen Geistes sind. Es ist also die Frage, ob es sich bei der Mathematik um eine Entdeckung oder eine Erfindung handelt. Wenn die Mathematik eine Entdeckung ist, dann bedeutet es, dass sie als ein Teil der existierenden Wirklichkeit erkannt wird. Wenn die Mathematik eine Erfindung ist, dann bedeutet es, dass sie nur durch den menschlichen Verstand geschaffen wurde.

Die einen meinen, dass die Mathematik immer schon in der Welt vorhanden ist. Diese Auffassung geht auf den griechischen Philosophen Platon zurück. Er meinte, mathematische Objekte existieren ohne menschliches Zutun. Das bedeutet, Mathematik ist in der Welt vorhanden, noch bevor irgendein Mensch versucht, diese Mathematik mit Begriffen zu erfassen. Der Heilige Augustinus hat

Transkript

im 5. Jahrhundert diese Auffassung sehr einfach ausgedrückt: Drei mal drei ist neun, auch dann, wenn die ganze Menschheit schläft. Die anderen halten Mathematik für Menschenwerk. Diese Auffassung wurde vor allem von Mathematikern des 19. und 20. Jahrhunderts vertreten. Sie sind der Ansicht, dass Mathematik nichts anderes ist als die Tätigkeit der Mathematiker. Mathematik ist eine Erfindung und keine Entdeckung, denn in der Sprache der Mathematik lassen sich Aussagen machen, die keinerlei Bezug zur wirklichen Welt haben. Mathematische Sätze werden allein aufgrund von Logik erzeugt. Mathematische Objekte sind also künstliche Schöpfungen des menschlichen Geistes.

Auch ich kann Ihnen zum Schluss keine eindeutige Antwort geben: Welches Verhältnis zwischen der materiellen Welt der Einzeldinge und der mathematischen Welt abstrakter Beziehungen, Zahlen und Logik besteht, ist eine Streitfrage, die bis heute nicht eindeutig entschieden werden konnte.

Ergänzen Sie jetzt Ihre Stichwörter.

Sie hören jetzt den Text ein zweites Mal.

Frau Professsor Tiedemann:

Meine Damen und Herren,
...

Überprüfen Sie jetzt Ihre Lösungen.

Ende Teil 3.
Sie haben nun 10 Minuten Zeit, um Ihre Lösungen auf das Antwortblatt zu übertragen.

Ende des Prüfungsteils Hörverstehen.

Antwortblatt

Antwortblatt – Leseverstehen 10 min

Sie haben nun **10 Minuten Zeit**, um Ihre Lösungen auf das Antwortblatt zu übertragen.

Das Etikett rechts aufkleben: ⟶ | Etikett hier aufkleben! |

Mit **schwarzem** Schreiber markieren: so: ● so nicht: ◐ / ⊘ / ⊘

Wenn Sie eine Markierung **korrigieren** möchten, setzen Sie ein **Kreuz** auf das **falsch** markierte Feld ✘ und markieren anschließend das richtige Feld so: ●

Lösungen Lesetext 1

	A	B	C	D	E	F	G	H	I	
1	○	○	○	○	○	○	○	○	○	1
2	○	○	○	○	○	○	○	○	○	2
3	○	○	○	○	○	○	○	○	○	3
4	○	○	○	○	○	○	○	○	○	4
5	○	○	○	○	○	○	○	○	○	5
6	○	○	○	○	○	○	○	○	○	6
7	○	○	○	○	○	○	○	○	○	7
8	○	○	○	○	○	○	○	○	○	8
9	○	○	○	○	○	○	○	○	○	9
10	○	○	○	○	○	○	○	○	○	10

Lösungen Lesetext 2

	A	B	C
11	○	○	○
12	○	○	○
13	○	○	○
14	○	○	○
15	○	○	○
16	○	○	○
17	○	○	○
18	○	○	○
19	○	○	○
20	○	○	○

Lösungen Lesetext 3

	Ja	Nein	Text sagt dazu nichts
21	○	○	○
22	○	○	○
23	○	○	○
24	○	○	○
25	○	○	○
26	○	○	○
27	○	○	○
28	○	○	○
29	○	○	○
30	○	○	○

Antwortblatt

Namensetikett hier einkleben

Antwortblatt – Hörverstehen 10 min

Sie haben nun **10 Minuten Zeit**, um Ihre Lösungen auf das Antwortblatt zu übertragen.

Ihre Teilnehmer-Nr.
erste Spalte (↓): die Teilnehmer-Nr. eintragen
(1 Ziffer pro Zeile):

die weiteren Spalten (0–9): für jede Ziffer der Teilnehmer-Nr. den entsprechenden Kreis so markieren: ●

↓	0	1	2	3	4	5	6	7	8	9
0	●	○	○	○	○	○	○	○	○	○
0	●	○	○	○	○	○	○	○	○	○
	○	○	○	○	○	○	○	○	○	○
	○	○	○	○	○	○	○	○	○	○
	○	○	○	○	○	○	○	○	○	○
	○	○	○	○	○	○	○	○	○	○

Lösungen Hörtext 1

1	
2	
3	
4	
5	
6	
7	
8	

Hier bitte nicht schreiben

	r	f	nb
1	○	○	○
2	○	○	○
3	○	○	○
4	○	○	○
5	○	○	○
6	○	○	○
7	○	○	○
8	○	○	○

Lösungen Hörtext 2

	Richtig	Falsch
9	○	○
10	○	○
11	○	○
12	○	○
13	○	○
14	○	○
15	○	○
16	○	○
17	○	○
18	○	○

Mit **schwarzem** Schreiber markieren:

so: ●

so nicht:

Wenn Sie eine Markierung **korrigieren** möchten, setzen Sie ein **Kreuz** auf das **falsch** markierte Feld ⊠

und markieren anschließend das richtige Feld so: ●

124

Antwortblatt

Lösungen Hörtext 3

19	
20	
21	
22	
23	
24	
25	

Hier bitte nicht schreiben

	r	f	nb
19	○	○	○
20	○	○	○
21	○	○	○
22	○	○	○
23	○	○	○
24	○	○	○
25	○	○	○

Indices

Indices zu den Hörmaterialien zu Training TestDaF

CD 1: Training TestDaF **Kapitel 2, Training Hörverstehen** **Gesamtlaufzeit: 1:17:42**

Index		Laufzeit	Index		Laufzeit
1	Generelle Ansage	0'17"	13	Anwendungsaufgabe 3	1'47"
2	Übung 1	0'37"	14	Anwendungsaufgabe 3: Vortrag; Einführung	7'03"
3	Übung 3	1'00"	15	Anwendungsaufgabe 3: Vortrag	7'16"
4	Ü3: Im Arbeitsamt	2'33"	16	Modelltest Hörverstehen: Einleitung	0'27"
5	Übung 5b: Studentensekretariat	2'01"	17	Modelltest HV Text 1:	0'55"
6	Anwendungsaufgabe 1	1'03"	18	Modelltest HV Text 1: Eine Exkursion	3'41"
7	Anwendungsaufgabe 1: Bewerbungsgespräch	3'29"	19	Modelltest HV Text 2	1'37"
8	Übung 11	4'09"	20	Modelltest HV Text 2: Hochschule Eichstätt	4'34"
9	Anwendungsaufgabe 2	1'45"	21	Modelltest HV Text 3	1'39"
10	Anwendungsaufgabe 2: Interview	4'28"	22	Modelltest HV Text 3: Vortrag	6'19"
11	Übung 13b	0'39"	23	Modelltest HV Text 3: Vortrag	6'35"
12	Übung 17	5'46"	24	Abschluss HV: Modelltest	7'14"

Die Interviews in Übung 11, in Anwendungsaufgabe 2 und im Modelltest Text 2 sind auf der Grundlage einer Rundfunksendung *Campus und Karriere* im **Deutschland-Radio**, Köln 2000, © Jürgen Wiebecke und Bettina Köster, entstanden.

Sprecher/-innen: Simone Bins, Özgül Cetinkaya, Dominique Funck, Mechthild Gerdes, Ulrike Groß, Jan Hillgärtner, Gabriele Kniffka, Frank Meyer, Doris Mücke, Christian Roth, Stephanie Ruschin, Stefan Schulz, Georg Sachse, Maike Saxer, Martin Weber

Regie: Mechthild Gerdes, Gabriele Kniffka

Toningenieur: Theo Klinker, Köln
©℗ 2006 Langenscheidt KG, Berlin und München

CD 2: Training TestDaF **Kapitel 4, Training Mündlicher Ausdruck** **Gesamtlaufzeit: 1:18:42**

Index		Laufzeit	Index		Laufzeit
1	Generelle Ansage	0'16"	19	Modelltest Mündlicher Ausdruck	4'06"
2	Übung 1	2'42"	20	Modelltest MA: Aufgabe 1	2'20"
3	Übung 4	3'22"	21	Modelltest MA: Aufgabe 2	3'05"
4	Übung 4, Musterantwort	1'37"	22	Modelltest MA: Aufgabe 3	3'33"
5	Anwendungsaufgabe 1	1'54"	23	Modelltest MA: Aufgabe 4	6'11"
6	Anwendungsaufgabe 1: Musterantwort	0'32"	24	Modelltest MA: Aufgabe 5	4'43"
7	Anwendungsaufgabe 2	1'46"	25	Modelltest MA: Aufgabe 6	6'12"
8	Anwendungsaufgabe 2: Musterantwort	0'47"	26	Modelltest MA: Aufgabe 7	3'55"
9	Anwendungsaufgabe 3	1'47"	27	Musterantworten – Modelltest: Einleitung	0'19"
10	Anwendungsaufgabe 3: Musterantwort	1'54"	28	Musterantwort Aufgabe 1	0'29"
11	Anwendungsaufgabe 4	3'10"	29	Musterantwort Aufgabe 2	0'47"
12	Anwendungsaufgabe 4: Musterantwort	2'01"	30	Musterantwort Aufgabe 3	1'29"
13	Anwendungsaufgabe 5	2'42"	31	Musterantwort Aufgabe 4	1'55"
14	Anwendungsaufgabe 5: Musterantwort	1'19"	32	Musterantwort Aufgabe 5	1'33"
15	Anwendungsaufgabe 6	3'15"	33	Musterantwort Aufgabe 6	2'02"
16	Anwendungsaufgabe 6: Musterantwort	2'01"	34	Musterantwort Aufgabe 7	1'12"
17	Anwendungsaufgabe 7	2'01"			
18	Anwendungsaufgabe 7: Musterantwort	1'26"			

Sprecher/-innen: Margariti Adamantia, Silvia Dahmen, Mechthild Gerdes, Luca Masia, Frank Meyer, Doris Mücke, Christoph Müller, Iana Naneva, Dana Pitulan, Jan Plümecke, Georg Sachse, Natalia Soares, Lijun Tang, Sara Thesen

Regie: Gabriele Kniffka

Toningenieur: Theo Klinker, Köln
©℗ 2006 Langenscheidt KG, Berlin und München

Deutsch als Fremdsprache

Lernerwörterbücher für Einsteiger und Fortgeschrittene: NEU gestaltet für optimale Lesbarkeit!

Langenscheidt Großwörterbuch

- Aktueller Wortschatz mit leicht verständlichen Definitionen
- Rund 66.000 Stichwörter und Wendungen, mehr als 63.000 Beispielsätze
- Ausführliche Grammatikangaben und über 2.100 Extra-Hinweise zum richtigen Sprachgebrauch
- Zahlreiche Info-Fenster zu deutscher Landeskunde und Grammatik

Langenscheidt Großwörterbuch
Deutsch als Fremdsprache
1312 Seiten
Hardcover incl. CD-ROM 978-3-468-49038-5
Broschur 978-3-468-49042-2

Langenscheidt Taschenwörterbuch

- Moderne Alltagssprache mit vielen Neuwörtern, inklusive österreichischem und schweizerischem Sprachgebrauch
- Rund 30.000 Stichwörter, Wendungen und Beispiele
- Markierung des für das Zertifikat Deutsch relevanten Wortschatzes
- großer Extrateil: Aufgaben zum Umgang mit dem Wörterbuch, Wortschatzübungen

Langenscheidt Taschenwörterbuch
Deutsch als Fremdsprache
636 Seiten, 978-3-468-49044-6

Langenscheidt Verlag
Postfach 40 11 20 · 80711 München
kundenservice@langenscheidt.de

Langenscheidt
...weil Sprachen verbinden

www.langenscheidt-unterrichtsportal.de